I0479769

1

¿TE GUSTA VENDER?

55

Técnicas probadas de persuasión y venta cara a cara

Daniel Zaragoza

Primera edición: diciembre 2019
¿Te gusta vender?
Daniel Zaragoza
Diseño de portada: Alexia Jorques

ISBN: 9781678342647

Ama lo que haces,
cree en lo que vendes,
confía en ti y en lo que ofreces.

Comienza a sonreír,
ve a compartir,
y céntrate en servir.

Pues cuanto menos vas a vender
más disfrutas y más vendes.
La vida es para los valientes.

Dedicado a todas y cada una de las personas que me han escuchado y comprado mis libros.

Gracias a vosotros estoy consiguiendo mi sueño: vivir de viajar y escribir.

ÍNDICE

INTRODUCCIÓN

Vivimos en un mundo interconectado y cada vez más despersonalizado donde las relaciones cara a cara disminuyen al ritmo que crece internet. Se puede comprar casi cualquier cosa desde el móvil y en un solo clic, pero por mucho que avance la tecnología, nunca será comparable a un encuentro donde vendedor y cliente puedan verse y establecer una relación personal.

No soy un experto en marketing, no tengo la carrera de empresariales, ningún máster, y ni siquiera he trabajado como comercial. Soy un escritor que por necesidad tuve que vender mis libros uno a uno, y al final, he vendido miles de ejemplares. Hacerlo así se ha convertido en lo mejor de todo, porque he podido conocer y hablar con gente muy distinta e inspiradora y me ha hecho crecer como persona. Las técnicas que voy a compartir contigo son el fruto de seis años de venta directa, están sacadas de mi experiencia personal, de la prueba y error, de la observación y de aprender de los demás.

Es importante que conozcas mi historia para que puedas entender e interiorizar las técnicas que te ofrezco, así que allá vamos:

Me llamo Daniel Zaragoza y soy viajero y escritor. Llevo desde el año 2012 viajando por los cinco continentes (cuando escribo esto estoy a punto de comenzar a recorrer América en bici) y este es mi séptimo libro. Pero no siempre fue así, he sido fontanero durante quince años, y los últimos siete, tuve una empresa. Cuando era autónomo me tocaba lidiar con clientes, ofrecer mis servicios y cerrar contratos. Seguro que algunas cosas que compartiré contigo ya las usaba inconscientemente entonces. Trabajar de fontanero no estaba mal, pero no era mi vocación, lo hacía por dinero, porque de algo había que vivir. En 2012 tuve que cerrar la empresa por la crisis que asolaba España, los precios bajaron a cotas insostenibles y los impagos eran algo común. Lejos de deprimirme... ¡Vi mi oportunidad! Me encantaba viajar y tenía ganas de aventura, así que vendí todo lo que pude y compré un billete solo de ida para ir a Tailandia. No sabía muy bien lo que iba a hacer allí, pero algo lo cambió todo: comencé a escribir una novela y vi que viajar y escribir era lo mío, que a eso quería dedicar mi vida. Cuando regresé del viaje de seis meses recorriendo el Sudeste Asiático, había terminado mi primera novela y se me ocurrió crear el proyecto "Escribiendo el mundo. 3 años, 3 viajes, 3 libros". Presenté el primer libro y el proyecto en julio de 2013 delante de mi familia, amigos y conocidos. No tenía dinero, lo había gastado todo en el viaje y en los libros, pero me comprometí a ir a India y Nepal al año siguiente, dar la vuelta al mundo al otro, y escribir los respectivos libros. Vender los primeros ejemplares fue fácil, todo mi entorno quería tener un libro dedicado, lo difícil era salir de ahí. Ya sabía lo injusto que es el mundo editorial, casi ningún escritor vive exclusivamente de sus libros pues cuando se compran en las librerías se llevan menos del 10% de las ventas. Estando en el viaje, una mañana mientras escribía en una cabaña en medio de la selva de Laos, me hice una promesa: "Voy a ser escritor, voy a vivir de escribir, aunque tenga que vender mis libros uno a uno". Y esa promesa se convirtió en una profecía, pues desde que salió la primera novela los he vendido en la calle, en las terrazas de los bares, puerta por puerta, en la montaña, a la orilla de lagos, en festivales de música, en charlas y en la playa. La arena de la playa ha sido con diferencia donde más he vendido, ya son siete veranos recorriendo las costas españolas con mis libros y mi pregunta: "¿Te gusta leer?"

Desde entonces, he ido probando e incorporando todas las técnicas que comparto en este libro. Muchos de los ejemplos son situaciones reales, hablo desde mi experiencia con la venta de libros, pero te pido que lo que leas, lo extrapoles a tu trabajo o tu vida personal. He leído infinidad de libros de ventas, y la mayoría, se centran en estudios de marketing, gestión de empresas, liderazgo... pero este libro que tienes en tu poder es diferente, llevo años probando y seleccionando estas técnicas para compartirlas contigo, te revelo todos mis secretos de persuasión y venta cara a cara. Muchas de las técnicas no las encontrarás en otros libros y pueden parecer extrañas, pero a mí me han funcionado. Da igual lo que vendas u ofrezcas, las técnicas aquí expuestas valen para todo tipo de productos y situaciones donde tengas que interactuar con otro ser humano.

Espero que este libro te ayude a vender más, y sobre todo, a crecer como persona y profesional.

Daniel Zaragoza

11

AMA LO QUE HACES

Vamos a empezar con una clave que parece muy evidente, pero... ¿cuántas personas van al trabajo por obligación y odian lo que hacen? Pasar ocho horas cada día trabajando en algo que odias, o en el mejor de los casos: te deja indiferente, es un drama. Esto afecta a la motivación y a los resultados.

Gibrán Khalil Gibrán dice en "El Profeta": *"El trabajo es el amor hecho visible. Y si no puedes trabajar con amor sino solo con repugnancia, es mejor que te vayas de tu trabajo y te sientes en la puerta del templo y consigas limosna de aquellos que trabajan con alegría. Porque si cueces pan con indiferencia, cueces un pan amargo que satisface solo la mitad del hambre. Y si lamentas aplastar las uvas, tu lamento destila un veneno en el vino"*.

En cualquier actividad es esencial amar lo que haces, pero en las ventas es determinante. ¿Quién tiene más probabilidades de vender: un vendedor que solo busca el dinero y que espera que llegue el viernes para irse de fin de semana, o un vendedor que ama lo que hace, que le pone pasión y está convencido de los beneficios que su producto va a aportar al cliente? La respuesta es clara. Ya lo decía Elbert Hubbart: *"Haz tu trabajo con todo tu corazón y tendrás éxito, hay muy poca competencia"*.

Ama lo que haces, ponle pasión, hazlo de corazón, cuídalo, mímalo, y compártelo. Cuando amas lo que haces estás dispuesto a mejorar y a aprender, no te importa invertir horas en ello y no te cuesta levantarte por la mañana pues estás deseoso de empezar a trabajar. Las horas se te pasan volando pues no estás pensando en estar en otro lugar, ¡no quieres estar en otro lugar! Aunque haya días malos, los superas porque te mueve el amor, no lo hace la necesidad ni la obligación. Y eso se nota. Te brillan los ojos y tu cuerpo y tu manera de expresarte están llenas de entusiasmo y alegría de vivir. Tu cliente puede sentir esa energía, y su subconsciente le dice: "si él lo ama tanto, tiene que ser bueno". Tú estás deseoso de compartir eso que amas tanto, para que otros se beneficien. Crees en tu trabajo, crees en tu producto, porque como lo amas tanto, has cuidado los detalles y te has asegurado de que sea algo de calidad, algo que marque la diferencia.

"El secreto de la felicidad no es hacer siempre lo que se quiere sino querer siempre lo que se hace" León Tolstói.

Hazte esta pregunta y responde con sinceridad: ¿Amas lo que haces?

CREE EN LO QUE HACES

Si fueras tú el cliente y te hicieras con aquello que ofreces, ¿cómo te quedarías de satisfecho? Si la respuesta es menos que: ¡muy satisfecho! Con exclamaciones y todo... Tienes un problema. No puede haber nada peor y más contraproducente que vender u ofrecer algo que sabes que no es de calidad o que no le conviene al cliente. Solo hay una manera de llamar esto: engañar. Y por desgracia, en el mundo de las ventas hay muchos profesionales que no creen en su producto y solo lo venden para ganar dinero, para llegar a los objetivos, para no ser despedidos. No creen que el cliente salga beneficiado con la adquisición de su producto, ellos nunca lo comprarían, o incluso, saben a ciencia cierta que ese producto va a perjudicar al cliente: que ese coche está averiado, que ese seguro tiene una letra pequeña donde no cubre lo que el cliente demanda, que esa compañía telefónica no tiene la cobertura o el servicio al cliente que anuncia, o que ese aparato electrónico está obsoleto pero hay que sacarlo del almacén cuanto antes para quitárselo de encima.

Si te dedicas al mundo comercial y no crees en lo que haces, si no crees en lo que vendes, es imposible estar realmente motivado y tomarte tu labor como un servicio.

Conocí a una mujer que llevaba varios años trabajando como comercial vendiendo aparatos y material quirúrgico a los hospitales. Era testigo de cómo se lucraban con dinero público todas las partes, los hospitales compraban aparatos que no necesitaban, a veces con sobornos y regalos para cerrar la venta. Conducía coche de empresa, comía en los mejores restaurantes con sus clientes, tenía un buen sueldo que se acrecentaba con las comisiones, pero su trabajo chocaba con sus valores. Fue una valiente y lo dejó. Pero, ¿cuántos profesionales anteponen el dinero a sus valores y creencias?

No seas uno de ellos. Hasta que no creas en lo que haces, no lo compartas ni lo ofrezcas a nadie. Luego puede que le guste o no, que le beneficie o no, que sea lo mejor para él o no. Pero si crees firmemente en lo que haces y lo que ofreces, estarás obrando con honradez y en concordancia a tus valores, independientemente de los resultados.

Cuando crees en lo que haces se nota, lo transmites con la mirada, con el entusiasmo, con la fe y la ilusión que pones. Y la otra persona lo percibe y se contagia de esa energía.

CONFÍA EN TI

Cuando interactúas con otras personas, lo que haces, lo que dices, tu postura corporal, el tono de tu voz, tus gestos, tus palabras... están emanando una energía que la otra persona percibe. Hay algo que es indispensable para que una persona resulte atrayente: la confianza en uno mismo. ¿A quién prestarías más atención: a una persona dubitativa y nerviosa o a alguien seguro de sí mismo, de quién es, de lo que hace y lo que tiene que ofrecer? De ahí la importancia de la confianza en ti mismo. Si no confías en ti y en tus posibilidades, ¿cómo quieres que esa persona confíe en ti y en lo que le ofreces?

Se dice en el "Libro negro de la persuasión" que: *"si un personaje hace creer que gracias a él se pueden obtener beneficios de tipo sexual, político, amoroso, económico o espiritual, será seguido, aceptado y a veces amado. El que los demás deseen algo le da poder"*.

Pero para conseguir esto, primero tienes que creerlo tú, confiar en que vas a ser capaz de ofrecer y transmitir eso que el otro desea y espera de ti. Y, ¿cómo ganamos confianza? Teniendo herramientas que nos hagan salir airosos de cualquier situación que se nos presente. Creyendo que somos capaces. Estando seguros de nosotros mismos y lo que podemos ofrecer. Creciendo cada día como persona y como profesional, leyendo, preguntando, escuchando, debatiendo, investigando y puliendo tus aptitudes y tus habilidades.

Decía Buda que: *"Los carpinteros dan forma a la*

madera. Los flecheros dan forma a las flechas. Los hombres sabios se dan forma a sí mismos".

Céntrate en mejorar, en conocerte, en superarte cada día. No estás compitiendo con nadie, la lucha es contigo mismo. Y cuando eres dueño de ti mismo y crees en tus posibilidades, la confianza brota de tu interior y se expande hacia afuera.

Cuando nos enfrentamos a un reto, como puede ser el ofrecer nuestro producto a un desconocido. Si hemos interiorizado unas buenas técnicas, que hemos probado y nos han servido en otras ocasiones, afrontaremos el reto con una mentalidad adecuada, con confianza en nosotros mismos y en la vida. Porque cuando confiamos en nosotros estamos confiando en la vida.

"El pesimismo jamás ganó una batalla" Eisenhower.

Confiar en ti es ser optimista, es creer que todo irá bien, que los problemas tendrán solución, que las ideas vendrán, que las oportunidades llegarán, que los clientes comprarán. Sal cada día a comerte el mundo, confía en ti y en tus posibilidades y sucederá la magia.

"Quienes pueden, pueden porque piensan que pueden" Publio Virgilio.

17

HAZ ALGO DIFERENTE

Dice Seth Godin que: *"No serás capaz de tirar adelante tu carrera o tu negocio ni formarás parte de una tribu si sigues a los "muchos". Mucha gente es realmente buena ignorando las nuevas tendencias, los buenos profesionales o las grandes ideas. Puede que esos muchos te preocupen, pero te prometo que a ellos tú no les preocupas en absoluto. No te oirán ni aunque te pongas a gritar. Casi todo el crecimiento a tu alcance existe cuando no eres como esos muchos y cuando trabajas duro para atraer a colegas que no son como esos muchos".*

Si quieres vivir de tu pasión, si deseas conseguir tu sueño, si quieres vender más, tienes que inventar algo, hacer algo diferente, que te haga único, que destaque entre la multitud y el inmenso ruido que nos rodea. Decía Albert Einstein que: *"El verdadero signo de la inteligencia no es el conocimiento, sino la imaginación".* Usa tu creatividad, sé innovador, arriésgate. Puedes pensar que está todo inventado, pero no es así. No se trata de inventar el teléfono, la bombilla o el automóvil (o sí). Con que hagas algo original o reinventes tu producto puede valer.

¡Si inventas algo funciona!

Decía Daniel Boorstin que: *"Las recompensas y la renovación derivan del coraje de inventar algo, cualquier tipo de cosa, por primera vez. Un aficionado apasionado no necesita ser un genio para caminar por las sendas conocidas... Los aficionados aventureros nos recompensan con su maravilloso vagar por lo inesperado".*

He podido vivir de escribir porque he inventado la venta de libros en la playa. Nadie lo había hecho antes y solo por eso la gente siente curiosidad. Me encanta ver la cara de asombro de algunas personas al preguntarles: "¿te gusta leer?"

En el libro "30 días. Cambia de hábitos, cambia de vida" se recomienda: *"Adquiere el hábito de hacer las cosas que otros no quieren hacer"*. Hay personas que no están dispuestas a apostar fuerte, que no se van a manchar de barro, que esperarán a que lleguen los clientes. Aprovéchate de esta circunstancia y da un paso al frente. Sé atrevido, arriésgate, mójate... Hacer algo diferente, algo que no ha hecho nadie es arriesgado. Lo común y lo mil veces probado es seguro, pero también los resultados son predecibles. Si te arriesgas y haces algo inédito tienes muchas probabilidades de fracasar, pero si funciona, si agrada al público, también tienes muchas más posibilidades de triunfar a lo grande. Y como decía Emerson: *"Ser uno mismo en un mundo que constantemente intenta transformarte en algo diferente es el mayor logro"*. Sé tu mismo, busca esa diferenciación, explótala, busca a un grupo de personas que piensen como tú, que busquen o aprecien lo mismo, salte de la norma, sé transgresor, atrevido, espontáneo, único.

¡Lo diferente no deja indiferente!

RESALTA LO DIFERENTE

Cuando comencé a vender mi primer libro a la gente en la calle, me centraba en hablar de la novela, de los personajes, los escenarios y la historia. Pero, ¿qué era lo diferente? Hay millones de novelas, muchas mejor que la mía. Lo diferente era el proyecto "Escribiendo el mundo", el haber abandonado todo por un sueño, el ofrecer los libros uno a uno... Así que cambié el discurso y primero hablaba del proyecto y los viajes, y lo último del libro. Si conseguía llamar su atención y que conectaran con mi historia, el libro era lo de menos. Muchos me lo compraban sin ni siquiera mirarlo, sin saber lo que valía ya me decían que sí.

"Una persona con una idea nueva es un loco hasta que la idea tiene éxito" Mark Twain.

Busca eso que te hace diferente, eso que hace que tu producto o lo que ofreces destaque, eso que lo hace único. Y una vez que lo encuentres, resáltalo, muéstralo al principio, haz que sea visible. Y si lo cuentas como si fuera una historia, como si de un cuento se tratara, lograrás captar la atención del otro desde el principio, querrá saber qué pasa, conectarás con sus emociones.

Desde hace unos años la palabra storytelling se repite en casi todos los libros de ventas y comunicación, está en boca de todos, parece algo moderno y sofisticado, parece que se ha inventado algo, pero desde que el ser humano dispuso del don de la palabra, se han contado historias. Usa esta potente herramienta, no ofrezcas características y datos aburridos, para eso están los catálogos... ofrece una buena historia donde destaque lo diferente, lo que te hace único y que por eso te tiene que elegir a ti.

El filósofo y novelista alemán Gustav Freytang creó la "estructura dramática" y las cinco partes que debe contener una buena historia:

1 – exposición.
2 – incremento de la acción (complicación)
3 – clímax
4 – descenso de la acción (resolución)
5 – desenlace

Esta estructura te puede servir de guía, pero lo realmente importante es que sea una historia que emocione, que enganche, que motive, que marque la diferencia...
¿A qué esperas para contar tu historia?

CREA UNA TRIBU

Seth Godin dice en su fantástico libro: "Tribus": *"Una tribu es un grupo de personas conectadas entre sí, conectadas a un líder y conectadas a una idea. Durante millones de años, los seres humanos hemos formado parte de una u otra tribu. Un grupo solo necesita dos cosas para convertirse en una tribu: un interés común y un modo de comunicarse (...) Cada tribu es distinta. Cada líder es distinto. La auténtica naturaleza del liderazgo reside en que no hagas lo que ya se ha hecho. Si lo haces, serás un seguidor, no un líder".*

Si quieres que tu negocio prospere, si quieres vivir de eso que tanto amas y crees que aporta valor, tienes que crear una tribu y liderarla. Puede ser entorno a ti como persona o hacia la marca, los seres humanos necesitamos el sentido de pertenencia y formar parte de una tribu nos hace sentir seguros y respaldados.

Si quieres crear una tribu tendrás que convertirte en un líder. No es fácil ser un líder, hay escasez de líderes. Para serlo tienes que crear algo nuevo y estimulante. Decía Napoleón Bonaparte que: *"Un buen líder es un vendedor de esperanza".* Tienes que ofrecer algo que atraiga a un grupo de personas que se conviertan en tu tribu, algo que les dé esperanza y les anime a seguirte. Una vez que has conseguido unos cuantos seguidores, deberás motivarlos, cuidarlos y guiarlos para que quieran seguir en la tribu y que inviten a otras personas a unirse.

¿Cuántas personas son necesarias para formar una tribu? No tiene porqué haber un número mínimo o máximo de personas, dependerá del tipo de negocio y de los márgenes de beneficio en sus productos. En unos casos con tener cien será suficiente, y en otros, hará falta un millón. Kevin Kelly habla del mundo de los mil auténticos fans: *"Un auténtico fan es el miembro de una tribu que se preocupa profundamente por ti y por tu trabajo. Es una persona que cruzará la calle para comprar tu producto o que hará que un amigo te escuche o que invierta un pequeño extra para apoyarte. Un auténtico fan paga más con tal de tener una primera edición o compra la edición en tapa dura. Y lo más importante, un auténtico fan conecta con otros auténticos fans y amplifica el ruido que generan los artistas".*

Mil auténticos fans es un número muy apetecible... imagina tener a mil personas que vean, comenten, compren y recomienden todo lo que haces. Con cuidar y mantener a esos mil miembros vip de tu tribu podría ser suficiente para vivir de eso que tanto amas. Así que haz un esfuerzo extra con ellos y cuida a tus auténticos fans, y para poder cuidar de ellos, lo primero será conocerlos y saber quiénes son.

Cuando os conocéis personalmente es más fácil crear un vínculo emocional y que perdure en el tiempo. En mi caso, al haber hablado con la mayoría de mis lectores, sé que parto con ventaja. No es lo mismo leer un libro de un autor que te han recomendado o que ha escrito el bestseller de moda, a leer el libro de alguien que has visto, has escuchado y te lo ha dedicado. Es algo muy bonito conocer personalmente a tus lectores, pues al escribir pienso en ellos, en ofrecerles algo de calidad, en aprender, investigar y crecer para luego compartirlo con ellos. Es una motivación enorme tener unos seguidores que están esperando tu próximo libro y ver cómo esa comunidad crece y se afianza.

Siempre he estado muy agradecido a esos fans fieles

que han comprado mis libros. Cuando estaba realizando el proyecto "Escribiendo el mundo. 3 años, 3 viajes, 3 libros". Sorteé un regalo entre mis lectores en cada parte del proyecto. En la primera parte sorteé un viaje a Tailandia, quería que ese viaje le hiciera crecer como persona, así que el requisito era que tenía que ir sola y como mínimo un mes. Le tocó a una chica de Barcelona que era la primera vez que viajaba sola e iba a Asia, luego me contó que el viaje le había cambiado la vida. En la segunda parte sorteé una bicicleta de montaña. Y en la tercera, para celebrar que había podido culminar el proyecto, sorteé un retiro de un fin de semana en el Pirineo. El requisito era tener mis tres libros y haber formado parte del proyecto. Vinieron diez personas de media España y pasamos un fin de semana inolvidable donde celebramos una gran fiesta, les impartí un taller de crecimiento personal y practicamos senderismo, yoga y meditación.

Para crear una tribu tiene que haber un medio para comunicarse, y con las redes sociales, nunca ha sido tan fácil como ahora. Es un medio que usa casi todo el mundo. Las estadísticas en España son: que ocho de cada diez personas tiene un smartphone, que miramos el móvil más cien veces y estamos conectados más de noventa minutos al día, que en España hay 27 millones de usuarios a las redes sociales. Es gratuito, fácil de usar y, donde a parte de ofrecer contenido y novedades a tu tribu, puedes reclutar nuevos miembros que conecten con tu idea, producto o servicio. Además, en tus redes sociales tienes una herramienta muy efectiva para conocer los miembros de tu tribu y tus fans auténticos.

FANS AUTÉNTICOS

Ya hemos visto que no es lo mismo seguidores, miembros de la tribu y fans auténticos. Si tienes miles de seguidores en Facebook o Instagram, puedes confundirlos. Vamos a suponer que tienes 5.000 seguidores. Son 5.000 personas que han dado "me gusta" a tu página, han aceptado ser tus "amigos" o te han comenzado a seguir. Son seguidores ficticios, pues muchos de ellos no verán tus publicaciones, a muchos de ellos no les interesa lo que haces y lo que compartes, simplemente han intercambiado contigo ese seguimiento para tener ellos más seguidores o te han aceptado porque les gustó tu foto de perfil, porque les pareces guapo o guapa, o porque aceptan a todo el mundo. Como nunca te darán un "me gusta" ni mirarán tu perfil, con el algoritmo actual donde solo ves en tu muro a una cantidad limitada de perfiles seguidos, no verán lo que publicas.

Luego está tu tribu, esas personas que te siguen realmente, que miran tus fotos, que visualizan tus vídeos, que dan "me gusta" a tus publicaciones, que leen tus artículos, que compran tus productos. Esta es tu tribu. Pero pasará que algunos de ellos, por mucho que te sigan y conecten con tu idea, no te comprarán nada, o solo te comprarán una vez. Con internet y las redes sociales se ha abierto la posibilidad de consumir contenido totalmente gratis. Puedes divertirte, aprender, leer, ver vídeos, fotos, artículos... sin que te cueste ni un euro. Por eso, muchos de esos miembros de tu tribu que te aprecian y conectan con tu trabajo y tu marca, se sienten parte de tu tribu, pero no se ven en la obligación de recompensarte comprando tus productos. Y realmente no la tienen. No tienen porqué remunerarte todas las horas de esfuerzo y trabajo que has dedicado para generar contenido. Internet es gratis. Pero te pueden remunerar dejando comentarios, "me gusta" y compartiendo tus publicaciones. Y por último están tus verdaderos fans. Los fieles seguidores de lo que haces y lo que compartes, y que además, compran todos los productos que sacas, que están esperando con ansia el día del estreno, que prefieren esa edición limitada, que valoran tu trabajo y dedicación y están deseosos de premiarte con su fidelidad. Esos son tus verdaderos fans y tienes que localizarlos y darles un trato especial, premiarlos con regalos o trato personalizado, pues ellos son los mayores artífices del éxito de tu negocio.

Dice Seth Godin que: *"Demasiadas organizaciones se preocupan por los números, no por los fans. Les preocupan el número de visitas, el de personas que cruzan una puerta o las veces que aparecen en los medios. Y lo que se están perdiendo es el compromiso profundo y la interconexión que facilitan los verdaderos fans".*

Tu trabajo es conseguir que los seguidores se conviertan en miembros de tu tribu, y que los miembros de tu tribu se conviertan en verdaderos fans.

DA MÁS DE LO QUE ESPEREN DE TI

Cuando alguien adquiere un producto o servicio, tiene unas expectativas sobre lo que le va a ofrecer. Si se cumplen esas expectativas quedará satisfecho con la adquisición, y si no se cumplen, quedará defraudado. Pero, ¿qué pasa cuando no solo se cumplen las expectativas sino que se sobrepasan? Que esa persona queda tan satisfecha que es muy probable que se convierta en un miembro de tu tribu. Se dice en el "Libro negro de la persuasión" que: *"Si usted cocina, sorprenda a su comensal con un platillo no esperado pero favorito. Si atiende una tienda o comercio, regale un detalle agradable a sus clientes. Si presta cualquier servicio, supere expectativas, sorprenda y verá el poder que esto genera; es tan persuasivo que acabarán pagando más solo por el hecho de haber sido sorprendidos".*

Desde que comencé a vender mis libros de forma directa he intentado dar más de lo que esperaban de mí. Por la compra de un libro, a parte de lo que les aportara la novela, les hacía partícipes de una historia de superación y formar parte de un proyecto, les invitaba a recibir una clase de yoga gratuita (lo hice los primeros veranos recorriendo la costa), les doy una piedra con mi energía (lo veremos luego), la opción de participar en el sorteo de un regalo, si deciden seguirme les compartiré fotos y vídeos de los lugares que visito, frases inspiradoras y las enseñanzas que voy aprendiendo... creo que es dar mucho por los diez o doce euros que vale un libro. Y eso hay algunas personas que lo valoran y lo agradecen convirtiéndose en fans auténticos.

No te limites a ofrecer lo que esperan de ti, lo justo para que no se sientan defraudados. Da mucho más, pues cuanto más das, más recibes. Y si amas y crees en lo que haces, si de verdad estás comprometido con servir y aportar valor, no te será difícil encontrar la manera de dar más de lo que esperan de ti.

DA LO QUE QUIERAS PARA TI

"Vengan a sus campos y sus jardines, y aprenderán que es el placer de la abeja recoger miel de la flor, pero también es el placer de la flor darle su miel a la abeja. Porque para la abeja la flor es una fuente de la vida. Y para la flor la abeja es un mensajero del amor. Y para las dos, la abeja y la flor, el dar y el recibir del placer es una necesidad y un éxtasis. Gente de Orphalese, sean en sus placeres como las flores y las abejas" Gibrán Khalil Gibrán.

Siempre que tengo oportunidad compro a la gente que vende en la calle, tengo que hacerlo yo si quiero que lo hagan conmigo. ¡Qué importante es esto! ¿Cómo pretendo que funcione mi pequeña frutería si voy a comprar la carne al Mercadona y no a la carnicería del barrio? ¿Cómo quiero que la gente compre mis libros si yo nunca compro ninguno y encima los pirateo? (Desde que soy autor, no pirateo nada) ¿Cómo quiero que la gente le dé "me gusta" a mi página si yo no le doy a ninguna? Y así podría seguir líneas y líneas. Si quieres algo, tienes que darlo antes. Porque como decía Alejandro Jodorowsky: *"Lo que les das, te lo das. Lo que no das, te lo quitas"*.

Disfruta dando, no te guardes nada, no seas avaricioso ni tacaño. Si estás dando es porque tienes, eres afortunado y abundante, comparte con los demás, y no solo lo que te sobra, ¿qué mérito tiene dar lo que no te vale? Da lo que más quieres y siéntete dichoso.

CADA PERSONA CUENTA

Hace poco leí el libro de un payaso que viajaba por Sudamérica compartiendo su espectáculo en las poblaciones que visitaba. Cuando acudían más de cien personas y llenaba la sala, estaba satisfecho y hacía el show motivado, pero como fueran veinte o treinta personas se sentía indignado, salía al escenario de mala gana y reprochaba a los organizadores la poca afluencia de público. Al leerlo sentí un gran rechazo que estuvo a punto de hacerme abandonar el libro.

¿Cómo podía ser que veinte personas le parecieran insuficientes? ¿Acaso hay un número mínimo de espectadores para que merezca la pena actuar?

En los últimos años he realizado cientos de conferencias y presentaciones de libros, he hablado delante de quinientas personas, pero también cuando han venido solo dos. Para mí, cada persona es importante. Cuando abordo a la gente en la calle o la playa puedo hablarle a una persona que se encuentre sola, que esa persona me conceda unos minutos de su tiempo para escuchar lo que tengo que contar, me parece un gran regalo y una gran oportunidad. Claro que me siento más contento y me crezco cuando hablo en una sala llena de gente, pero tengo la misma motivación y ganas de compartir y ayudar cuando son menos de diez. Esas personas merecen mi respeto y que dé lo mejor de mí. Ayudar a una sola persona es un gran logro. Y además, no hay que subestimar las pequeñas cosas. Son matemáticas: cada persona que me escucha, es una persona que me conoce. Cada persona que me compra un libro, es una persona que me lee. Y día a día, persona a persona, se va haciendo una bola más y más grande, y en mi caso, puedo asegurar haber hablado con más de 100.000 personas, y aunque muchas de ellas no me hayan comprado, puede que escucharme les haya servido para algo, que hayan hablado de mí a algún conocido, o puede que si en el futuro ven mis libros en alguna librería recuerden ese día en la playa y lo compren. Y lo mejor de todo: ¡El montón de gente diferente, artista, rara, inspiradora, exitosa, espiritual, cariñosa, divertida... que he conocido! Miles y miles de personas que me han contado su forma de vida, sus anécdotas, que me han recomendado un libro, un lugar, que me han dado un consejo, que me han dado ánimos. ¡Ése es el mayor regalo! Al tratar con la gente cara a cara hay una cercanía y una complicidad que cuando lo haces delante de cientos de personas es imposible de lograr. Cada persona cuenta y tiene algo que ofrecer. Así que no subestimes el poder de las pequeñas cosas, aprovecha cada oportunidad para compartir tu don o tu producto, para que te conozcan, para entablar nuevas amistades. Si tienes un sueño o un proyecto y quieres materializarlo, tendrás que contarlo miles de veces, a todo el mundo que se cruce en tu camino. Cada persona es importante, no subestimes el poder de las cosas pequeñas. Cuida cada interacción, esa persona es única y valiosa, por lo tanto merece que le ofrezcas lo mejor de ti.

BUSCA EL FEEDBACK

Tú puedes creer que tienes un producto excelente que va a gustar a todo el mundo, pero una cosa es que te guste a ti y otra muy distinta es que le guste a los demás. Tienes que buscar el feedback de tus clientes. Sus opiniones son muy valiosas, te pueden dar muchas pistas sobre posibles mejoras, y cuanto antes obtengas ese feedback, mejor. Una buena idea muy extendida en empresas que acaban de nacer es sacar un producto mínimo viable. Un producto que aunque no esté completamente terminado pueda servir para ver la aceptación del mercado y la opinión de los clientes. Puedes darlo gratuito o sacarlo a un precio muy bajo poniendo de condición que los compradores te den su opinión. Ahora lo importante no es ganar dinero, lo importante es saber la aceptación de tu producto.

Si vendes por internet en plataformas como Amazon los comentarios son decisivos para atraer potenciales clientes. A la hora de elegir un producto se mira mucho las opiniones, y si hay varias negativas, genera desconfianza en el comprador. Así que pide a tus compradores que dejen su valoración y un comentario. Y cuida la calidad y el servicio de lo que vendes, para evitar esos malos comentarios que pueden dilapidar las ventas online de tu producto.

La única manera de saber la calidad de lo que ofreces es el feedback de los clientes. Con cada libro he recibido cientos de mensajes de lectores a los que les ha gustado y les he mandado miles de ejemplares de los otros libros. Es importante saber que gusta lo que haces. Si no recibes esos mensajes o la gente no repite, algo falla.

EL PODER DE LAS PALABRAS

"Sabemos que las palabras no pueden mover montañas, pero pueden mover multitudes. Las palabras dan forma al pensamiento, estimulan el sentimiento y engendran la acción. Las palabras matan y reviven, corrompen y curan. Los "hombres de palabras" han jugado un papel más decisivo en la historia que los líderes militares, estadistas y hombres de negocios" Eric Hoffer.

Las palabras que usemos tanto al comunicarnos con los demás como en nuestro diálogo interior, serán determinantes en el resultado. Hay una anécdota que me ocurrió que refleja muy bien la importancia de las palabras:

Intentaba animar a un amigo que estaba deprimido. En poco tiempo había perdido su trabajo de toda la vida y se había separado de su mujer. Se sentía solo, pero no quería salir de casa, ni hacer nada. Le aconsejé que se apuntara a una página de contactos en internet. Como no manejaba mucho el ordenador, le ayudé con su perfil y con las primeras conversaciones. Una mujer le preguntaba en qué trabajaba. Mi amigo estaba escribiendo en el ordenador que se encontraba en paro. Antes de darle a enviar, le grité que esperara. Cogí el teclado, borré lo que había escrito y respondí: "Por primera vez en la vida soy dueño de mi tiempo".

¿Qué tiene más gancho: estoy en el paro o soy dueño de mi tiempo? La respuesta es la misma, pero con las palabras hemos dado un significado y unas emociones diferentes. Si tienes un vocabulario rico puedes hacer mejor uso de las palabras y podrás cargar tus mensajes de significado y emoción.

"Las palabras adecuadas tienen exactamente las mismas propiedades que la buena música. Tienen ritmo, tono y acentos" Aaron Sorkin.

En el mundo de las ventas las palabras que digas tienen vital importancia, pero cuando hay un encuentro cara a cara el tono de la voz, la cadencia, los silencios, la manera de hablar y expresar... tienen tanta importancia, o más, que el mensaje mismo. Si tienes una voz estridente, hablas como un robot sin dejar las pausas adecuadas, no dotas a tu discurso de una entonación que trasmita fuerza, confianza, naturalidad. Tendrás que trabajar en ello. Fíjate cómo hablan los monologuistas, políticos, oradores, presentadores... ¡Pero cuidado! Si usas la forma de hablar de una presentación puedes tener un tono distante y prefabricado, habla como si estuvieras conversando con un amigo, usa un tono cercano y entusiasta. Controla la respiración, cuando estamos nerviosos solemos hablar más rápido y parece que nos falte el aire. Ralentiza el ritmo y respira entre frases. Usa los silencios para dar emoción y suspense a tus conversaciones. Y modula la voz para darle el ritmo y el tono adecuados, que parezca que sale música de tu boca, pero sin pasarte, pues tampoco queremos que parezca que hemos salido de un musical.

DILE TU NOMBRE

Una de las cosas que hago desde el principio al abordar a otra persona para ofrecerle mis libros es comenzar así:

"Buenos días. Me llamo Daniel Zaragoza". Al presentarte y decirles tu nombre, dejas de ser un desconocido. ¿Os habéis preguntado por qué en tantas tiendas y restaurantes los empleados llevan su nombre colgado en la solapa? Si necesitas cualquier cosa los puedes llamar por su nombre y al conocer su nombre, se genera confianza y familiaridad. Nuestro nombre y apellidos son nuestra seña de identidad, algo que nos diferencia de los demás. Así que siempre que comiences una interacción con alguien, preséntate y di tu nombre.

Pero todavía hay algo que nos gusta más que conocer el nombre de la otra persona: oír el nuestro. Apréndete el nombre de la persona con la que hables, que nos llamen por nuestro nombre nos hace sentirnos importantes, únicos, valorados... Durante la interacción repítelo cuando tengas oportunidad, empieza las frases con el nombre de la otra persona o hazle alguna pregunta comenzando con su nombre. Si vas a concertar una cita para más adelante, es muy importante que recuerdes su nombre, y si tienes que mandarle algún mensaje comiences con un saludo acompañado de su nombre. Una técnica para recordar el nombre de alguien es asociarlo a alguien que ya conocemos y se llama igual o parecido. Si se llama Carlos, nos acordaremos de nuestro amigo o tío Carlos, y si no conocemos a ningún Carlos, podemos asociarlo con un famoso o figura histórica, por ejemplo: Carlos Sainz.

DEJA QUE HABLE

Extracto de mi libro "Escribiendo el mundo" de una anécdota ocurrida en la playa de Bolonia (Cádiz):

"Son las seis de la tarde y ya he terminado con todos los libros de la mochila, hace unos días hubiera ido a la furgo a por más y habría seguido hasta que se fuera el sol o me quedara sin voz, pero me siento satisfecho y me voy a tomar una cerveza en una terraza de madera junto al mar. Un hombre ofrece algo a la gente que está en las mesas; viste ropa de la India, un mala al cuello y tiene el pelo largo y rubio recogido en una coleta. Siento curiosidad por lo que ofrece, me siento identificado con él y pienso en comprarle algo. Siempre que tengo oportunidad compro a la gente que vende en la calle, tengo que hacerlo yo si quiero que lo hagan conmigo. Cuando llega a mi mesa me ofrece cds de música hindú, me dice que ha estado allí y que es maestro espiritual. Le digo que también estuve el año pasado, pero no me pregunta nada y sigue con su discurso, le digo que soy escritor y que he escrito un libro de allí, entonces saca un ejemplar del Bhagavad-gita (la biblia hindú) e intenta vendérmelo, le digo que lo tengo y que lo intenté leer para documentarme, pero que es muy espeso y lleno de versos difíciles de entender. De nuevo me corta y me ofrece un pendrive con libros y música de la India, seguro que bajados de internet. Le digo que no, no ha conectado conmigo, le importaba un comino lo que le decía, siendo que tenía fácil crear un vínculo al haber estado allí. Además, no me parece ético que alguien que se autodenomina "maestro espiritual" venda libros y música

pirateados. Cuando vendo mis libros siempre escucho lo que me cuentan, siendo que les he abordado hablando sobre mí y mis experiencias, solo por educación es lo mínimo que se debe hacer, y si la persona en cuestión ha estado en esos lugares mucho mejor, le pregunto y me intereso por sus experiencias, puede que me enseñe algo y, además, así ya no soy un vendedor, me convierto en un amigo con el que compartir puntos de vista. Muchas veces después de decirme que no me van a comprar, a mí no me importa y sigo hablando con ellos sin otra intención que pasar un buen rato e intentar ayudarles si diera el caso o aprender algo, y al irme me compran, aunque no lean, aunque no tengan mucho dinero... ya no soy un vendedor que les asalta en la playa, soy un amigo al que quieren ayudar y del que quieren tener un recuerdo".

Cuando me ocurrió esto fui realmente consciente de la importancia que tiene escuchar al cliente. Me ha ocurrido infinidad de veces que he empezado con mi discurso y la otra persona me ha cortado y ha empezado a hablar de sus experiencias, de sus sentimientos o de su vida. Y sin decir una palabra, solo escuchando con verdadero interés, la persona ha terminado de hablar y sin necesidad que contarle nada del libro me lo ha comprado. A veces, los vendedores pecamos de hablar demasiado, parece que si no llevamos el peso de la conversación, si no exponemos el discurso que tenemos preparado, no se va a cerrar la venta. Pero hay algo muy importante: cuando el cliente se abre y habla de él, de sus experiencias y lo que busca en la vida, ya no eres un vendedor desconocido que le quiere ofrecer algo, te conviertes en un amigo, en un confidente, en alguien que le escucha y que le comprende. Cada palabra que diga él, vale como tres tuyas. Así que siempre que sea posible, deja que hable. Y hazlo de corazón, con verdadero interés. Siempre digo, que lo que más valoro de la venta cara a cara, es la posibilidad de conocer, escuchar y aprender de tantas miles de personas. Y muchas de esas personas con las que hablé unos minutos mientras les ofrecía un libro, se han convertido en verdaderos amigos que todavía mantengo y son un regalo maravilloso. Solo se aprende escuchando, así que no desestimes la oportunidad que se te brinda y deja que hable.

BUSCA PUNTOS EN COMÚN

Cuando entablas conversación con un cliente o una persona a la que quieres persuadir, es muy recomendable que intentes buscar puntos en común. Si hay algo que os una, algo que podáis compartir, será mucho más fácil captar su atención y que atienda tus propuestas. Si ha contactado contigo para concertar una cita, será de gran ayuda para el momento del encuentro que hayas investigado sus gustos, su procedencia, en qué trabaja y toda la información que puedas obtener. Puedes usar su perfil en las redes sociales o puedes preguntar a algún conocido que tengáis en común. Busca eso que os une para exponerlo en el futuro encuentro. También lo has podido ver o escuchar mientras hablaba con alguien, intenta sacar información de sus palabras y sus gestos. Si no tienes oportunidad de hacer un trabajo anterior antes de hablar con la persona, deberás fijarte en los detalles que puedas usar para buscar esos puntos en común.

Estos pueden ser algunos puntos en común:

Su procedencia: Se puede usar su lugar de procedencia o donde viva para buscar puntos en común. Después de hablar con tantísimas personas de toda España, suelo acertar su procedencia al escuchar el acento. Cuando acierto si son de Pamplona, Cádiz, Madrid o Barcelona ya tengo mucho ganado. Si son de Zaragoza como yo, les pregunto el barrio o pueblo exacto, si conozco a alguien de la zona se lo nombro, si tengo algún conocido en común se crea un vínculo de confianza. Si son de otro lugar y he estado, les cuento lo que vi y lo que me gustó cuando estuve. Si no he estado nunca, pero tengo algún amigo que es de ahí o se ha ido a vivir, también puedo nombrarlo.

Parecidos físicos: Otra técnica que puede funcionar es buscar parecidos físicos entre el cliente y tú. Puede ser que tengáis el mismo color de pelo, el mismo tono de piel, la misma enfermedad visible, la misma altura o constitución... Cuando hablo con alguien canoso como yo, puedo hacer alguna broma sobre las canas. Cuando hablo con alguien muy moreno (después de todo el verano en la playa parezco un conguito) le puedo decir que está más moreno que yo. Cuando me encuentro alguien con alguna enfermedad en la piel, puedo contarle que tengo psoriasis. Lo importante es buscar algún parecido físico que te haga conectar con esa persona.

Elementos decorativos: Si lleva un colgante con una cruz de oro colgada del cuello, puedes intuir que es una persona creyente. Si tiene un tatuaje de una calavera puede que le guste el rock. Si viste ropa elegante y de marca, te está indicando que le interesa la moda. Se trata de estar atento y usar esos indicadores en tu favor. Intenta enlazar esos elementos con aficiones o gustos que pueda tener y que os unan. Por ejemplo, cuando conozco a alguien que lleva un colgante, un tatuaje o ropa donde tenga el signo "om", un Buda o algo relacionado con el budismo o el yoga, puedo contarle cuando estuve en la India o hablar de meditación o asanas de yoga. Y además, le puedo ofrecer mi segundo libro que transcurre en un monasterio tibetano.

Objetos: Cuando recorro la playa me fijo mucho en lo que lee la gente. Si me acerco a una persona que está leyendo un libro que ya he leído o de algún autor o tema que conozco, lo uso para crear puntos en común y también para ofrecerle el libro que más se pueda adaptar a sus gustos. También te puedes fijar en el móvil que lleva, en su coche, o en cualquier otro objeto que te pueda dar pistas de sus preferencias.

En definitiva, consiste en ser observador y captar esos pequeños detalles que os unen. Al establecer y recalcar esos puntos en común, la conversación será más distendida, ya no serás un desconocido que no tiene nada que ver con él o ella, ahora eres una persona que compartes aficiones, gustos, experiencias o conocidos en común. Te has convertido en un amigo. Abraham Lincoln decía que: *"Si quieres ganar un hombre para tu causa, primero convéncelo de que eres su amigo sincero".* Es difícil decir que no a un amigo que nos pide algo, también es difícil decir que no a alguien que nos cae bien, que nos importa... la decisión final no se toma con el intelecto, se toma con los sentimientos. Cuando tienes puntos en común, cuando compartes cosas, cuando sois amigos, es mucho más probable que te escuche y que te compre. Y aunque no lo haga, aunque no compre tu producto, habrás ganado un amigo, un aliado, un contacto en tu agenda y eso vale más que cualquier venta.

SONRÍE

Hay un dicho popular chino que dice: *"hombre sin sonrisa no abre tienda"*. Y a colación con este dicho os voy a contar una historia de dos chinos que abren una tienda en el mismo pueblo:

Viví durante tres años en un pueblo del Pirineo de casi tres mil habitantes. Cuando llegué a vivir había una tienda de chinos, un bazar donde podías encontrar de todo a bajo precio y baja calidad. El dueño de la tienda era un hombre de unos 45 años que parecía el malo de las películas de Bruce Lee, con la cabeza afeitada, las cejas eternamente fruncidas y cara de pocos amigos. Cuando entraba a la tienda, le daba los buenos días y a cambio recibía un leve movimiento de cabeza con el rostro serio. Casi siempre estaba con el móvil, hablando en chino con algún conocido o viendo algún vídeo. Cuando te cobraba no te miraba a los ojos y jamás le escuché decir un gracias o un hasta luego. Sabía hablar español, pues si le preguntabas por algo que no encontrabas, te respondía con un tono de voz y una expresión corporal que denotaba que lo estabas molestando. Dentro de lo posible evitaba ir al chino por no tratar con alguien tan desagradable, pero estaba siempre abierto y había veces que te sacaba de un apuro. Un día, abrieron otro chino en el pueblo, vendía lo mismo y al mismo precio, pero su dueño, un hombre rechoncho y risueño, te recibía con una gran sonrisa y un gracioso buenos días con acento oriental. Si le preguntabas cualquier cosa, te acompañaba y te asesoraba de buena gana. Y después de cobrarte te despedía con un gracias y un hasta luego.

¿Qué pasó? Te lo puedes imaginar... Todos los vecinos iban a comprar al chino nuevo y la diferencia del trato recibido entre uno y otro, era la comidilla del pueblo. El chino sin sonrisa puso todos sus artículos al 10% de descuento para evitar la espantada de clientes, se creía que compitiendo en precio iba a retenerlos. Pero si antes, cuando tenía un negocio lucrativo parecía siempre enfadado, imagina la cara que se le quedó al perder la mayoría de clientes que preferían pagar un poco más y que les tratasen con educación. Ya no vivo allí y no sé cómo habrá acabado la historia, si el chino antiguo se habrá dado cuenta de que el problema no era el precio, sino la sonrisa y la aptitud, o habrá tenido que cerrar.

"Con la vida ocurre lo mismo que con los chistes: lo importante no es lo que duren sino lo que hagan reír" Anthony de Mello.

Cuando interactúes con otra persona hazlo siempre con una sonrisa sincera. La sonrisa abre las puertas y ablanda los corazones, es contagiosa y no tiene efectos secundarios adversos, es gratis pero vale más que el oro. Si eres de esas personas a las que les cuesta sonreír, o simplemente, tienes un día malo y no te sale. Fuérzate a hacerlo, aunque esa sonrisa parezca un poco postiza, cambiará las facciones de tu cara, tu fisionomía, tu expresión corporal, y esos cambios, te harán sentirte mejor y transmitir alegría y confianza a la otra persona.

"Nadie es tan rico o poderoso que pueda vivir sin una sonrisa, y nadie es tan pobre que no pueda ofrecerla" Edward L. Kramer.

VE DE CARA

Cuando te acercas a una persona desconocida, mientras caminas y entras en contacto visual, hay unos segundos de tanteo. Antes de decir ni una sola palabra, ya te habrá etiquetado por cómo vistes, qué llevas en la mano, cómo te mueves, cómo miras, y según su percepción, estará más abierta al encuentro o se cerrará en banda.

Cuando comencé a recorrer las playas no era consciente de la importancia de ese contacto visual que precede al diálogo. Voy a la gente que está tomando el sol y dependiendo de la orientación y la hora del día, la mayoría de esas personas estarán colocadas de frente al sol, incluso aunque estén protegidas por una sombrilla. Antes, comenzaba en una punta de la playa sin tener en cuenta la orientación del sol y empezaba a acercarme a la gente. Si era por la mañana el sol despuntaba por el este y las personas miraban hacia allí, como hubiera comenzado por el oeste la gente no me veía venir. Pasaba por su lado y de repente me giraba para preguntarles, muchas personas se asustaban o reaccionaban mal. No habían tenido tiempo de verme en acción, ni observar cómo me acercaba hacia ellos. En cambio, si venía del este, me veían desde lejos, incluso interactuando con otras personas, veían cómo me compraban algún libro o cómo se quedaban con una sonrisa al despedirme. Me veían acercarme sigilosamente, con paso seguro, con una sonrisa iluminando mi rostro y unos inofensivos libros en la mano. Antes de hablar intento entablar contacto visual, me acerco despacio y cuando digo mi pregunta: "¿Te gusta leer?" Ya han tenido tiempo de observarme, de etiquetarme, de pensar si les interesa, de sentir curiosidad, empatía o indiferencia. Antes de decir una palabra ya tengo mucho trabajo hecho, no se asustan, pues ya me han visto venir. También he tomado la práctica de acercarme un poco de lado, ir de frente intimida, sobre todo teniendo en cuenta que la mayoría de personas están tumbadas. Si responden que sí les gusta leer, me agacho para estar a su altura, y me pongo en cuclillas para decirles la segunda pregunta. Ya hay más cercanía, y si me dicen que sí de nuevo, entonces ya me siento en la arena en posición de loto, me relajo y me acomodo, puedo hasta quitarme la mochila. Dejo que hablen, escucho, pregunto, hablo y observo. Si todo fluye, una vez que me siento y hablamos distendidamente, ya no somos un vendedor y un posible cliente, somos amigos, hay confianza y mucha de esa confianza es gracias a que me ha visto venir de cara y ha podido conectar conmigo.

Así que cuando vayas a abordar a un nuevo cliente déjate ver, ralentiza tus movimientos, luce tu mejor sonrisa, transmite confianza sin llegar a ser intimidante. Verás cómo el simple hecho de que te vean venir aumentará tus probabilidades de conectar con esa persona.

MIRA A LOS OJOS

La mirada es un canal de comunicación que sin necesidad de usar las palabras puede decir, transmitir e insinuar más que un monólogo interminable. Se dice que: "una mirada vale más que mil palabras". Los ojos sirven para ver, para captar todas esas luces que nos aportan el don de la vista, pero también sirven para expresar lo que piensas y sientes. No menosprecies el poder de la mirada y úsalo para transmitir confianza, seguridad y coherencia. Porque si tus palabras dicen una cosa y tu mirada dice otra, los ojos portan más verdad que el verbo. Casi todo lo que sale de nuestra boca es mentira distorsionado con nuestra percepción, pero nuestros ojos no mienten, se dice que: "la mirada es la ventana del alma". Así que asegúrate de abrirla, de tenerla limpia y clara. ¡Y de mirar a los ojos! Una persona que esquiva la mirada, que mira al suelo o a cualquier sitio menos a los ojos de la persona que tiene enfrente, está transmitiendo inseguridad, cobardía, rechazo, indiferencia, incoherencia... Una persona que mira a los ojos sin apartar la mirada, tanto cuando habla como cuando escucha, está transmitiendo que concede toda su atención, que no esconde nada, que se abre a la otra persona y a la experiencia. Pero ¡cuidado con la mirada! Pues está la mirada vacía, la mirada profunda, la mirada pícara, la mirada apasionada. Y si la mirada es importante en el ámbito de la venta y la persuasión, en el de la seducción se convierte en el arma más precisa y mortífera. Y la mirada, como toda arma que se precie, la carga el diablo, puede estar envenenada y puede hacer creer a la otra persona cosas que no son. Cuando se miran un hombre y una mujer, sobre todo si existe una posible atracción sexual, hay que tener mucho cuidado con la intensidad y el tipo de mirada, de no aguantarla más de la cuenta, pues cual rayo láser penetra en el interior del otro y enciende un fuego que va a ser difícil apagar.

Mira a los ojos, usa la mirada, pero aprende a graduar la intensidad y a transmitir lo que quieres que la otra persona perciba.

EL CLIMA IMPORTA

El clima afecta al estado de ánimo de las personas y con ello a la posibilidad de que te escuchen y te compren. Cuando vendo en la playa y hace un día espléndido donde luce el sol, la gente está más receptiva y vendo muchísimo más. Si está nublado, está lloviendo, hace frío o hay un viento molesto, la gente está más irascible y menos receptiva. Si no lo necesito, cuando hace mal tiempo aprovecho para descansar, quedar con amigos o practicar algún deporte. He comprobado que salir a vender con mal clima es perder posibles compradores, pues si los abordo ese día desfavorable y me dicen que no, habré perdido mi oportunidad. También noto que me afecta a mí, cuando hace buen tiempo tengo más energía, estoy más alegre y con más ganas de hablar y compartir.

Piénsalo un momento, ¿no te afecta a ti el clima que hace?

Así que si tienes que cerrar un trato, hablar algo importante con alguien, pedir un favor o vender algo, dentro de tus posibilidades, intenta que haga un día soleado. El clima importa y mucho, no podemos cambiarlo, pero sí hacer que juegue a nuestro favor.

ELIGE EL MOMENTO

El primer año que recorrí la costa desde Gerona hasta Huelva, había días que empezaba a las diez de la mañana y terminaba a las nueve de la tarde parando una hora a comer. Eran muchísimas horas hablando y caminando sobre la arena. Terminaba exhausto, quemado por el sol y sin voz. Varias veces tuve que descansar al día siguiente porque no podía hablar. Al final del verano me di cuenta de que era contraproducente pasar tantas horas en la playa, a las diez se encontraba casi vacía, los que estaban acababan de llegar y todavía no se habían relajado a la orilla del mar. También descubrí que desde las dos de la tarde a las cinco, la gente estaba comiendo, pensando en comer o echando la siesta. Y que por la tarde vendía menos, puede que porque yo estaba más cansado y porque la gente también lo está. Además, cuando abordaba a alguien en un momento poco oportuno tenía el "no" asegurado, perdiendo la posibilidad de que me conocieran y me compraran.

Así que cambié el horario: de 11 a 14 y de 17 a 20h. Y para mi asombro, descubrí que trabajando cuatro horas menos, a la larga vendía más, porque solo recorría la playa en los momento más propicios para que la gente te escuche y te compre, y además lo hacía más descansado y motivado. También se nota si es primero o último de mes, que la gente haya cobrado o no. Y en mi caso, al abordar a personas que están de vacaciones, se nota mucho si acaban de empezar o se van a ir. La gente cuando acaba de empezar sus vacaciones está más contenta y predispuesta a comprar, pues tienen la cartera llena. Cuando quedan unos pocos días para que terminen las vacaciones, están más decaídos por la vuelta a la normalidad y si han gastado mucho, no quieren comprar nada más.

Sea lo que sea que vendas o hagas, ten en cuenta el momento más idóneo para entablar contacto. Si pillas a alguien en la siesta o cuando no tiene dinero, será muy difícil que te escuche y te compre. Y cuando ofreces tus servicios a alguien y no es el momento adecuado, normalmente, habrás perdido tu oportunidad. Si te vuelve a ver recordará que le molestaste, que fuiste inoportuno. Y es muy difícil que se abra a escucharte. Así que reduce tu horario de visitas al momento idóneo para el tipo de cliente o persona a la que quieras persuadir.

También influye mucho el lugar. Tengo claro que vendo infinitamente más en la playa porque es un lugar idóneo para ello: la playa es un sitio neutral, vender puerta por puerta es complicado pues tienen que abrirte su casa. La gente está de vacaciones disfrutando de la naturaleza, relajada y feliz. Me va mejor en lugares naturales y sin aglomeraciones, pues las personas están más abiertas a escuchar. La playa es un lugar perfecto para leer...

Busca el momento y el lugar idóneo para ofrecer tus servicios o productos. Cada situación es diferente, pero no te cierres a innovar, (como ya hemos visto) si eres original tienes muchas más posibilidades de triunfar. ¿Quién te iba a decir que la playa fuera un lugar ideal para vender libros?

HAY QUE SER PESADO

"Hay una fuerza motriz más poderosa que el vapor, la electricidad y la energía atómica: la voluntad" Albert Einstein.

Os comparto algunos fracasados de la historia: Albert Einstein aprendió a hablar con cuatro años. Michael Jordan fue eliminado del equipo de baloncesto de su instituto. Walt Disney fue despedido por el editor de un periódico por falta de ideas e imaginación. Steven Spielberg se fue de la escuela de cine tres veces. A los Beatles les dijo una compañía de discos que no tenían ningún futuro en la industria de la música. John Grisham fue rechazado por dieciséis agentes y doce editoriales con su primera novela. Stephen King fue rechazo treinta veces con su primera novela. Y a Oprah Winfrey la despidieron de su trabajo de presentadora porque la consideraron no apta para la televisión.

¿Qué tienen en común todos estos fracasados? Que fueron pesados y no desistieron, que creían en ellos mismos y en su trabajo y siguieron llamando a puertas aunque algunas se las cerraran en las narices.

Dice Seth Godin que: *"parte del liderazgo (una gran parte, en realidad) consiste en la capacidad de aferrarse al sueño durante un largo periodo de tiempo. Suficientemente largo para que los críticos comprendan que acabarás por alcanzarlo de una u otra manera... de modo que te seguirán".*

GENERA MOVIMIENTO

El único momento en que no pasa nada es cuando estás quieto. Puedes estar esperando esa llamada que te cambiará la vida, ese contrato caído del cielo, ese cliente que va a ir solito a ti, pero si te quedas en casa o en el despacho a verlas venir, puede que nunca llegue, a no ser que brote algo de lo que has sembrado. Genera movimiento, sal a la calle, habla con la gente, haz llamadas, usa tus contactos, llama a puertas, convive con las decepciones y no desistas. Ve sembrando semillitas aquí y allá, nunca sabes cuándo brotarán, puede que en ese momento te digan que no, pero si has usado las técnicas de este libro habrás dejado una huella, te recordarán, te recomendarán, te contactarán más adelante... Parece que si no cierras la venta no hayas hecho nada, pero eso no es así, has generado movimiento, has movido unos mecanismos que empiezan a funcionar y no sabes qué puede salir de ahí. A mí, por generar movimiento y sin buscarlo, me han salido entrevistas en radio y televisión, he concertado charlas y conferencias, me han encargado libros pasado un tiempo...

Hay dos tipos de personas: las que esperan que las cosas pasen y las que hacen que las cosas pasen. Si tienes que elegir entre hacer o no hacer, elige siempre la acción, conviértete en un hacedor. Olvídate de los resultados y haz lo que tengas que hacer. Los resultados ya llegarán, tú haz.

"Triunfa en el mundo quien se levanta y busca las circunstancias y las crea si no las encuentra" George Bernard Shaw

ELIMINA LAS EXCUSAS

Siempre vas a tener una excusa: que hace frío, que hace calor, que es muy difícil, que es imposible, es por la crisis, los precios, el mercado, el gobierno... siempre va a haber algo o alguien a quien echarle la culpa. Y además, es que tendrás razón, seguro que eso que pones de excusa y no te deja avanzar está cargado de verdad y de razones de peso. Pero en tu mano está ponerte en el rol de víctima y echar balones fuera, o de tomar las riendas de la situación y convertirte en hacedor.

Soy un amante del Camino de Santiago, lo he recorrido caminando y en bicicleta. Si hay algo que te enseña el Camino, es a no poner excusas. Sales a completar la etapa de ese día aunque llueva, nieve, haga 40 grados, o pase un huracán (en Galicia me tocó el huracán Leslie). No hay excusa, lo tienes que hacer y punto. Da igual el tiempo, el cansancio o las ampollas. Te has comprometido con ese reto, y de no ser algo muy grave, cada días recorres los kilómetros que te has propuesto.

En nuestro día a día, muchas veces dejamos de hacer cosas o las posponemos, poniendo alguna excusa. No hacemos esa llamada, concertamos esa cita, o recogemos esos papeles. Hay que buscar el momento oportuno para hacer según qué cosas, pero poner excusas y dejar cosas para luego que no se convierta en una norma. Tener disciplina conlleva hacer cosas que no quieres hacer cuando hay que hacerlas.

"Fue el carácter que nos sacó de la cama, el compromiso que nos pasó a la acción y la disciplina que nos permitió seguir adelante" Zig Ziglar.

HAZ LO MÁXIMO QUE PUEDAS

"Haz lo máximo que puedas" es uno de los 4 acuerdos Toltecas del fantástico libro de Miguel Ruiz, luego veremos otros dos acuerdos que son indispensables en el mundo de las ventas: "no supongas nada" y "no te tomes nada a lo personal".

Una vez que te has convertido en un hacedor, cuando estás generando movimiento centrado en la acción y no en el resultado. Tienes que hacer lo máximo que puedas, ni más ni menos (como decían Los Chichos). Puede que un día estés cansado, enfermo, preocupado o poco centrado, es normal tener esos días en los que no eres todo lo productivo que te gustaría, pero si haces lo máximo que puedas según tu estado físico, mental y emocional, te quedarás con la sensación de que lo has dado todo y no te exigirás más. Otros días estarás lleno de energía, concentrado, astuto, conectado... ¡Aprovecha esos días! Y haz lo máximo que puedas, termina trabajo atrasado, visita a clientes complicados, comienza nuevos proyectos y contactos. Tu energía y tu tiempo son limitados, en tu mano está emplearlos en acciones constructivas y que te hagan crecer. No tienes que competir con nadie, esto es cosa tuya. Haz siempre lo máximo que puedas y verás cómo te lanzas al siguiente nivel.

"Nuestra recompensa se encuentra en el esfuerzo y no en el resultado. Un esfuerzo total es una victoria completa" Mahatma Gandhi.

CÉNTRATE EN LOS BENEFICIOS

Un error muy común cuando presentamos nuestro producto es centrarnos en las características que tiene. Nos emborrachamos nombrando datos técnicos y propiedades que aburren y no interesan al posible comprador. Si hemos hecho los deberes y conocemos lo que le interesa a nuestro cliente, de nada sirve marearle con datos y cifras que no recordará. Sergio Fernández (si no lo conocéis o animo a que lo busquéis en YouTube) repite en sus charlas que: "tenemos que poner el foco en el cliente y localizar cuáles son sus dolores, y no tiene que ser un dolor físico, puede ser algo que necesita o que le preocupa".

Pero, ¿qué preocupa a tu cliente? Maslow creó una pirámide donde enumera las cinco principales necesidades que cada ser humano desea satisfacer: necesidades fisiológicas, seguridad, pertenencia, reconocimiento y autorrealización.

Si al mostrar tu producto le ofreces un "porqué" relacionado con algún dolor que tenga en alguna de las necesidades de la pirámide, se creará una necesidad en él que hará que compre. Así que averigua el dolor de tu cliente y céntrate en los beneficios que puede obtener.

Jürgen Klaric dice: *"Conviértete en el antídoto de tu cliente"*. Si consigues identificar su miedo y le ofreces cómo eliminarlo, tendrás muchas más probabilidades de que te compre. Klaric simplifica el proceso de compra en esta fórmula:

Eliminación de miedo + reducción de energía + aumento de placer.

El cliente puede tener miedo a que el producto sea caro, a que no sea capaz de utilizarlo, a que no le aporte lo que espera... si conseguimos neutralizar esos miedos, lograremos que se sienta seguro. Si lo que le ofrecemos va a conseguir que sea más eficiente, que ahorre tiempo y esfuerzo, que simplifique su vida... no dudará en obtenerlo. Y si eso que le ofrecemos le va a proporcionar placer, diversión, aumento de su autoestima o que los demás le vean mejor... ya lo tenemos ganado.

Josué Gadea dice que: *"cuando conoces qué es lo que más le preocupa a tu cliente (a nivel personal, profesional...) y curas sus dolores (satisfaces sus necesidades) sucede algo mágico: el precio, deja de ser importante. El 90% de las personas venden como si las decisiones de compra estuvieran basadas en el precio, y sin embargo, el precio solo afecta en un 10% a la decisión de compra".*

HAZ LO QUE VIERES

Haz lo que vieres es un refrán muy antiguo que te recomienda que allí donde vayas, haz lo que hagan los demás. Este refrán nos puede ayudar a vender más, y sobre todo, a ahorrar tiempo, esfuerzo y dinero usando el sistema de venta más idóneo para un lugar o un tipo de gente determinado.

El 22 de diciembre de 2016 comienzo a vender en un mercado navideño que instalan en la Plaza de Armas de Cuzco (Perú). Ofrezco los libros con mi táctica habitual, preguntando: "¿te gusta leer?", a la gente que pasa por mi lado. No va muy bien. La gente no me contesta y pasa de largo. Un chaval que vende perros de peluche ofreciendo a voces su género, acaba en una hora con todos, y antes de irse, le dice a un señor de un puesto que aún no había vendido nada:

"Si quieres vender, hay que gritar para que se fijen en ti".

Veo una señal y con un libro en la mano comienzo a gritar:

"¡Libros dedicados por el autor!"

Los posibles compradores se acercan a curiosear. Con la nueva táctica vendo mucho y acabo con todos los libros que llevo en la mochila.

Puede que en España me miren raro o no se acerque nadie si me oyen gritar, pero en Perú funciona de otra manera. Cada lugar tiene sus costumbres y sus gustos, cada grupo social tiene su manera de hacer las cosas. Depende de a dónde vayas o con quién trates, tendrás que usar unas técnicas u otras, y si es un país, una región o un grupo social que desconoces, nada mejor que observar cómo lo hace la gente local para aprender. Gracias a copiar al chaval de los perritos pude vender muchos libros. Si ves a algún competidor que hace algo y le funciona, ¡cópialo!

HAZ QUE LO COJA

San Jorge es el día del libro, es el día de mayores ventas de todo el año, el momento de que los lectores salgan en busca del contacto con los autores para llevarse su ejemplar dedicado. Casi todos los años estoy en el Paseo de la Independencia de Zaragoza firmando libros en el stand de Librería Albareda. Es momento de conocer a otros autores, compartir mesa, y rivalizar por la atención de los posibles compradores. Este año hay un autor que no tiene demasiada labia, habla poco, pero no para de firmar ejemplares. Me maravilla su técnica: no cuenta nada del libro, ni de él, solo se limita a ofrecer su libro a todo el que pasa por su trozo de mesa diciendo: "Eche un vistazo a mi novela". Y se la da para que la coja en sus manos. Algunos la rechazan, pero soy testigo de cómo, la mitad de los que la cogen y la sostienen en sus manos, la compran y mi amigo autor solo tiene que firmar el libro sin gastar nada de saliva, mientras yo me dejo la voz contando de qué va cada libro.

Aquí fui consciente de la importancia que tiene que el cliente coja con sus manos el producto, que lo ojee, que pueda leer la sinopsis o alguna página. Desde entonces, tanto en las ferias como cuando voy persona a persona, ofrezco los libros para que los cojan. Una vez que los tienen en las manos, les dejo su tiempo para que los examinen. Y cuando cogen un libro, es mucho más probable de que lo compren.

Así que ofrece al cliente que coja tu producto, que lo pruebe y lo examine, que lo sienta suyo. Si le gusta, no querrá desprenderse de él.

¿TE GUSTA LEER?

Una frase potente de entrada es crucial si quieres abordar a un desconocido, es el primer contacto y por lo tanto hay grandes probabilidades de recibir un no, o incluso, ser ignorado. Hasta que no comencé a trabajar en la elaboración de este libro no fui consciente de la importancia que la frase de entrada: "¿te gusta leer?" había tenido en mi éxito. Vamos a ver por qué ha sido tan acertada:

1 – Es corta. Pronunciarla y responderla cuesta tres segundos, ¿quién no va a ceder tres segundos de su tiempo a otra persona?

2 – Es una pregunta. Al comenzar con una pregunta forzamos a la otra persona a contestar. Si ofreciéramos nuestros servicios directamente perderíamos interés. Además, solo le pedimos que diga: sí o no.

3 – Decir "no" implica ser inculto. Al contestar que no, estás reconociendo que no lees, y eso a un lector, le cuesta reconocerlo porque está orgulloso de ser lector y ama la literatura y los libros.

4 – Si dice "sí" es un posible cliente. Al decir "sí" está dejando pie a que le explique, y como le gusta leer, es probable que compre. En solo tres segundos ya sé que le interesa lo que ofrezco.

5 – Factor sorpresa. No se lo han preguntado nunca en ese contexto. Muchas personas se quedan descolocadas al ver a un autor con sus libros en la playa, nunca lo han visto y nunca les han preguntado si les gusta leer mientras tomaban el sol en bañador.

6 – No les compromete a nada. Pueden responder que sí, pero eso no les compromete. Si la pregunta fuera: "¿quieres comprar un libro?" Entrañaría mucho más compromiso.

Busca tu frase de entrada. Puedes tener un discurso arrollador, un producto excelente, y un montón de recursos listos para ser usados, pero si la frase de entrada no es la adecuada, no tendrás opción. La otra persona perderá el interés y te dirá que no.

LA PALABRA MÁGICA: SÍ

Si hay una palabra mágica para persuadir a otra persona, esta es la palabra "sí". Tendrás que buscar que aparezca el "sí" tanto en tu propia interacción como en la de tu interlocutor. Steve Allen recomienda: *"Busca el "sí" desde el principio de la conversación. Decir que sí al comienzo de una interacción alivia la tensión, crea una relación y abre las mentes. A veces ni siquiera tienes que expresar esta aceptación verbalmente. De hecho, tu lenguaje corporal puede jugar un importante papel al comienzo de una interacción. Cuando te encuentras con alguien, su cerebro realiza una rápida "evaluación de amenazas" y busca pistas para responder a la pregunta: "¿Puedo confiar en ti?" Tu postura, tu contacto visual, tu apretón de manos, tus pies, tu tono de voz, y el resto de tus señales no verbales deberían gritar "¡Sí!"*

Esto tiene mucho que ver con amar, creer y confiar en lo que haces. Es una cuestión de actitud. Que todo lo que compartes y expresas conduzca a un rotundo "sí". Pero para que todavía sea más efectivo, tienes que hacer que tu interlocutor diga la palabra "sí" en varias ocasiones. Un estudio realizado a un grupo de vendedores reveló el poder de obtener "pequeños sí". El estudio analizó si lograr que alguien dijera que sí en una conversación afectaría al resultado de esa conversación. Primero, los vendedores hicieron sus negocios como de costumbre y pudieron cerrar el 18% de las ventas, lo que no está mal. Sin embargo, cuando se les ordenó obtener un mínimo de tres "pequeños sí" al principio de la conversación, pudieron cerrar el 32% de las ventas.

Una de las claves de mi éxito al vender libros cara a cara es porque el posible lector empieza la interacción diciendo "sí". Cuando pregunto: "¿Te gusta leer?" La persona interesada me responde con un "sí", la interacción comienza de una manera positiva, ese "sí" me da permiso a hablar con ella y dispongo de unos segundos para captar su atención. Antes de leer libros de persuasión y conocer la importancia del "sí", no era consciente de su excepcional valor. Cuando respondían con el primer "sí" a la pregunta de entrada, contaba del tirón todo mi discurso sin darles la oportunidad de que dijeran "sí" de nuevo. Cuando fui consciente de la importancia del "sí" cambié mi táctica: El "sí" de la entrada ya lo tenía, ahora tenía que buscar otro "sí" al principio de la interacción. Hacía una segunda pregunta: "¿Os apetece echar un vistazo a los libros o que os cuente de qué van?" Antes de que pasaran 15 segundos ya había conseguido el segundo "sí". La inercia favorable del "sí" estaba en marcha. Y si tenía oportunidad buscaba otro pequeño "sí" preguntando: ¿sois de Cataluña?, ¿estáis de vacaciones?, ¿soléis venir a esta playa? Cosas sin importancia donde estoy casi seguro de que la respuesta será "sí". A la hora de cerrar la venta, si ellos no me han dicho ya que quieren un libro, cuando les pregunte: "¿queréis un ejemplar dedicado?" Es mucho más probable que sigan con la inercia favorable y digan "sí".

LA INERCIA DEL SÍ

Antes veíamos la importancia de la palabra "sí", tanto al decirla y proyectarla nosotros, como al hacer que la diga la persona que queremos persuadir. Pero que nos digan "sí", también afectará a nuestro estado de ánimo, a nuestra confianza y a nuestra racha de ventas. Empezar bien es muy importante. Si empiezas con varios "no", esa inercia negativa te afectará y puede hacer que desistas. Por eso te recomiendo que te tomes un tiempo para elegir la primera persona con la que vas a hablar y empieces con alguien que creas que te va a dar un "sí".

Los días que las primeras personas que hablo me dan un "sí", suelen ser los más productivos. También me pasa que cuando son muchos "no" seguidos, entro en un bucle negativo y puede pasar una hora y decenas de personas abordadas, con solo respuestas negativas. Pero cuando llega el primer "sí", todo cambia.

Una mañana en Benicasim, recorrí media playa en dos horas y nadie me había escuchado, todo eran respuestas negativas y malas caras. Estaba a punto de desistir, pero me bañé en el mar, me senté en la orilla y medité unos minutos para cambiar mi energía (luego lo veremos más detalladamente). Puse cuidado en elegir a una persona que tuviera muchas probabilidades de decir "sí". Y, ¡lo hizo! Había cambiado mi energía y mi racha. La siguiente persona también dijo "sí", y la siguiente, y la siguiente... en una hora vendí seis libros, todo el mundo con el que hablé me escuchó y me compró algún libro. ¿Cómo puede ser posible? Media playa todo "no" y media todo "sí". No puede ser que media playa estuviera llena de lectores con ganas de comprar libros y la otra media, no. Lo normal sería algo más equitativo, pero... o no vendo nada o lo vendo todo. ¿Por qué? Por la inercia del "sí". Esto mismo me ha pasado infinidad de veces: cuando consigo el primer "sí", van todos detrás. Y estoy convencido de que es por la energía que irradio, por la confianza y el subidón que me proporcionan esas respuestas positivas.

DI GRACIAS

Hay algo que hago cada vez que me compran un libro, conozco a alguien interesante o me pasa algo bueno. Cierro un segundo los ojos y doy gracias. Cuando te sientes agradecido, te sientes abundante; y cuando te sientes abundante, eres feliz. También se lo digo a las personas que me escuchan, que me siguen, que me recomiendan... Ser agradecido es uno de los hábitos que puede cambiar tu vida. Agradece cada cosa buena que te pase, por pequeña que sea. Vive en ese estado de agradecimiento constante y verás cómo sucede la magia. A veces damos las cosas por sentado, parece que tenemos el derecho a recibirlas, pero no tiene porqué ser así, podríamos haber obtenido una negativa por respuesta.

Haz la prueba, cuando cierres una venta o alguien te haya prestado su ayuda o su atención. Agradéceselo efusivamente, y cuando te vayas, cierra un segundo los ojos y di: "gracias".

VISUALIZA VENTAS PASADAS

Este puede que sea uno de mis mayores secretos. Y aunque no es posible medir su eficacia, estoy seguro de que funciona y de que es una de las técnicas que más puede ayudarte a realizar tus objetivos.

Antes de abordar a la primera persona del día, me siento en un lugar apartado, cierro los ojos y centro mi atención en la respiración, en cómo el aire entra y sale de mi cuerpo. Estoy unos minutos sin pensar en nada, relajando mi mente y mi cuerpo. Y cuando estoy relajado, visualizo situaciones pasadas donde me escuchan, me valoran, me preguntan y me compran. Recuerdo a esas personas con las que más he conectado, visualizo sus caras, su voz, sus palabras, las emociones que sentí al escuchar sus risas y la alegría que me produjo conocerlas. No pienso en el dinero, no pienso en los libros, me centro en las emociones y en la inmensa suerte que tengo al poder conocer y conectar con personas fantásticas. El sentimiento que tengo es de gratitud, de dicha y de abundancia. Cuando termino, hago una respiración profunda, doy las gracias mentalmente y abro los ojos. Ya tengo la energía adecuada para comenzar a hablar con la gente.

Cuando tengo una racha negativa (como en la vez de Benicasim del capítulo anterior), freno esa inercia negativa, visualizo veces pasadas donde me fue bien y elijo con cuidado la próxima persona con la que voy a hablar. Funciona muy bien.

Si no eres una persona que practique la meditación o el yoga, esto que te acabo de contar puede parecerte una chorrada. Pero la visualización es algo que emplean la mayoría de deportistas de élite. El poder de la mente es incuestionable. Preparar tu mente para ejecutar una acción con la mentalidad y el grado de confianza y energía adecuados puede marcar la diferencia.

Pruébalo, ¡no pierdes nada!

COMPARTE ENERGÍA

Y ya que hablamos de energía, te voy a recomendar una técnica para que la compartas. Cuando se habla con tantas personas la energía de los demás te afecta, pues la energía se comparte, se da y también se quita. Los vendedores o cualquier profesional que trate con muchas personas tiene saber que lidiar con muchas energías diferentes cada día.

La primera vez que recorrí la costa me ocurrió algo extraño: Llevaba una semana increíble, había hablado con cientos de personas y muchas de ellas me deseaban suerte al despedirse. Cuando llegaba a la furgo después de todo el día en la playa. Estaba excitado, como si me hubiera bebido diez cafés, tumbado en la cama pasaban por mi mente todas las imágenes del día, los ánimos y las muestras de cariño. No podía dormir, muchas veces se me hacían las tres de la mañana, pero al día siguiente me levantaba al amanecer sin sentirme cansado. Conocí a una medium que me dijo que tenía mucha energía y que como no aprendiera a liberarme de ella me podía hacer daño. Me enseñó unas meditaciones que me ayudaron a compartir esa energía y pude volver a dormir por las noches. Simplemente consistía en visualizar a la persona con quien quería compartir la energía y mandársela, ¡así de fácil! Podía estar a mi lado o a miles de kilómetros de distancia. Aprovechaba cualquier interacción con alguna persona con la que conectara para compartir esa energía. Y comencé a usar algo aún mejor y que todavía uso... regalar un objeto cargado de energía. Puede ser una figurita, una piedra, o cualquier cosa. Llevo unos veranos usando piedras energéticas y ahora las regalo hasta en mis charlas. Así, que cuando me voy a despedir le digo a la persona o personas con las que quiero compartir mi energía: "Te voy a hacer un regalo". Le doy la piedra, le pido que la coja en su mano y la ponga sobre la palma de la mía. Le digo: "Desde el año 2012 he hablado con más de cien mil personas, y casi todas, al despedirse me han deseado suerte, me han deseado que me vaya bien. Eso es mucha energía que me va dando la gente y la quiero compartir contigo, para que tengas mucha suerte y te vaya todo muy bien". Y así descargo esa energía y la comparto.

Los que tratamos con tantas personas tenemos que aprender a empatizar con los demás pero sin que su energía o estado de ánimo te afecte. En ocasiones, las personas que conozco me cuentan sus problemas y sus miedos, me hablan de sus enfermedades, de seres queridos que han perdido, de sus desilusiones... Ya me ocurría cuando era fontanero, por unos días convivía con los dueños de la casa, y a menudo se abrían a mí, contándome intimidades o llorando sobre mi hombro. Hay personas que necesitan desahogarse, no tienen con quién hablar, y sincerarse con un desconocido puede ser más sencillo que hacerlo con un familiar o amigo. En esos momentos tienes que acompañar a la persona, escucharla y darle ánimo, pero no dejes que sus penas y mala energía te afecten. Si dejas que lo haga, cuando te despidas te sentirás triste y decaído, las personas con las que trates lo percibirán y perderás ese halo de confianza y buena energía que emanas habitualmente. No dejes que eso ocurra. Cuando te despidas de una situación así, medita unos minutos, haz unas respiraciones y suelta toda la energía densa que tengas.

USA FRASES ENLATADAS

Puedes pensar que los grandes oradores o las personas que tienen mucha labia usan su imaginación y su creatividad, que todo es espontáneo y les sale sin esfuerzo, pero nada más lejos de la realidad... La mayoría de discursos, monólogos y presentaciones están basadas en un cúmulo de frases y anécdotas memorizadas listas para ser dichas en el momento oportuno. A esas frases o historias las vamos a llamar frases enlatadas, porque las guardarás en un rincón de tu cerebro listas para ser utilizadas cuando la conversación lo requiera. Eso no quiere decir que no puedas improvisar o que algunas de esas frases enlatadas no vengan a cuento en ese preciso momento, pero si posees un amplio repertorio de frases, citas célebres, anécdotas, historias, estudios, preguntas, posibles respuestas... nunca te quedarás en blanco, siempre sabrás qué decir, cuándo y cómo.

El discurso de entrada lo tienes que saber de memoria, lo tienes que poder decir sin pensar, con la cadencia adecuada, con los silencios oportunos y con la mirada y los gestos precisos. Aunque lo sepas de memoria tiene que parecer informal, que no seas como un robot que repite una grabación. Cuando abordo a alguien y digo mi discurso de entrada, lo tengo tan matizado y tan interiorizado, que controlo cada gesto, cada respiración, dónde coger aire, cómo mirar, y cómo sonreír. Al tenerlo tan controlado, mientras hablo puedo centrarme en explorar el entorno, buscar puntos en común, fijarme cómo me mira y los gestos que hace para saber si le está interesando. Así puedo evaluar la situación y variar el discurso según lo que me transmita la otra persona. Una cosa que puede ir bien y que yo utilizo, es tener dos discursos. Después de las preguntas de entrada, si me han dado permiso para continuar, pero no han interactuado todavía, me fijo en su mirada, su expresión corporal y en cómo de alta es su atención. Si veo que la atención es alta y sonríe y asiente con la cabeza sigo con el discurso estándar. Si veo que se mueve inquieto, que aparta la mirada, que no sonríe o es una sonrisa postiza, que mira la hora o el móvil, que mira a la persona de al lado.... cambio al discurso corto, un discurso que tengo preparado para cuando intuyo esa falta de atención. Es mejor cortar cuanto antes, a lo mejor no les interesa y lo más productivo y respetuoso es irse, o puede que simplemente, prefiera mirar los libros a su rollo y que me calle. De ahí la importancia de saber leer al otro y de poder usar tu atención mientras hablas. Si la interacción continúa, tengo infinidad de anécdotas, chistes, frases célebres, partes del libro, historias... memorizadas y listas para salir cuando la conversación lo requiera.

Así que prepara un buen repertorio de frases enlatadas, seguro que tú también tienes un montón de historias y frases que te pueden servir, y si no las tienes investiga, apúntalas y memorízalas. Con la práctica te saldrán sin pensar y te dará una mayor confianza a la hora de enfrentarte a la dura y excitante tarea de hablar con un desconocido.

SE FLEXIBLE

"Debemos estar dispuestos a dejar ir la vida que hemos planeado, a fin de tener la vida que nos espera" Joseph Campbell.

Queremos tener todo controlado y ser los dueños de nuestro destino, hacemos planes y nos creamos expectativas. Está genial tener metas, es necesario para generar movimiento y que pasen cosas, pero ¿qué pasa cuando intuimos que nos hemos equivocado, cuando las cosas no salen como esperábamos y nos vemos empujados a cambiar? Que nos genera un estrés tremendo y la sensación de que hemos fracasado. Si hay algo seguro es que todo cambia, que nada permanece, que las cosas rara vez saldrán como esperabas... En el budismo se enseña que la vida es como un río que nunca permanece igual, que está en continuo cambio mientras fluye hacia el mar.

"Si buscas resultados distintos no hagas siempre lo mismo" Albert Einstein.

Está en tu mano ser flexible, cambiar cuando el resultado no es el esperado. Si el feedback que estás recibiendo del producto no es el adecuado, cambia; si el lugar que has elegido no es el idóneo para tu trabajo o tu producto, cambia; si por mucho que lo intentes y te esfuerces no sale adelante tu proyecto y está acabando con tu dinero y tu salud, cambia. No te aferres a nada, hay que intentarlo hasta un punto, si las señales te dicen que vas por mal camino es mejor ser flexible y cambiar cuanto antes.

Cuando estás interactuando con otra persona también hay que ser flexible, hemos hablado de la importancia de las frases enlatadas, pero hay que usarlas teniendo en cuenta lo que nos dice y nos transmite el otro. Hay dos grupos principales de clientes: gente de perfil dominante y gente de perfil indeciso.

Samuel Santiago comparte en su fantástico libro "Yo vendí hielo a un esquimal" que: *"A los dominantes tenía que tratarlos de modo que pareciera que ellos llevaban la iniciativa de venta. Tenía que hablarles de forma indirecta para hacer que pareciera que ellos habían tenido la idea, o que habían llegado a la conclusión por ellos mismos. La estrategia consistía en hacerlos sentir inteligentes y poderosos. Para ello, el halago hacía maravillas. A la gente indecisa, en cambio, debía casi ordenarles lo que hacer. Había que "empujarlos" para que tomasen las decisiones y darles unas palmaditas en la espalda cuando daban pasos en la dirección correcta".*

Cada persona es un mundo y cada situación es diferente, en tu mano está ser rígido y aferrarte a lo viejo, o ser flexible y abrirte a lo nuevo.

SÉ BREVE

Cuando comencé a vender libros uno a uno y respondían afirmativamente a la pregunta de entrada: "¿Te gusta leer?" Contaba del tirón todo mi discurso, y si no me cortaban para preguntarme o añadir algo, era un monólogo de dos o tres minutos donde hablaba de los viajes y los libros que llevara en ese momento. Al terminar, podía haber captado su atención o no, muchas veces era consciente al observar su mirada y sus gestos que no les estaba interesando, que me escuchaban por educación, que estaba perdiendo mi tiempo y el de ellos. Así que, o cambiaba a la versión corta, o directamente les preguntaba si les interesaba lo que les estaba contando. Si me decían que sí, continuaba; y si me decían que no, ahí había acabado todo. También me ocurría a menudo que notaba que les interesaba y escuchaban atentos, pero al terminar el discurso me decían que no. Cuando fui consciente cambié mi táctica: Después del "sí" de la entrada, seguía:

"Me llamo Daniel Zaragoza y soy viajero y escritor. Llevo desde el año 2012 viajando por los 5 continentes y he escrito seis libros. Hoy llevo los tres últimos. ¿Os apetece echarles un vistazo o que os cuente de qué van?"

Si no estaban interesados les habré robado 15 segundos de su preciado tiempo, lo último que quiero es molestar a nadie, hay que aceptar que va a haber personas a las que no les interese lo más mínimo ni mi historia ni mis libros. Mejor saberlo cuanto antes y haber perdido solo 15 segundos para poder ir a la busca de otras personas que sí les interese. Pero si después de esta pregunta responden que sí, quiere decir que realmente están interesados y quieren saber más, me han dado el permiso para que les hable sin prisas y sin temor a estar molestando, aunque al final no me compren, serán personas que valorarán mi trabajo y puede que conocerme les sirva de algo, y las probabilidades de que me compren un libro son mucho mayores.

Así que divide tu discurso en al menos tres bloques breves: Frase de entrada, segunda pregunta y discurso. Conforme vayas pasando al siguiente bloque calibra la atención y el interés, si ves que decae, es mejor parar antes de convertirte en un pesado. Si en este tiempo de conectividad y exceso de estímulos ya es difícil captar la atención de alguien, una vez que lo has conseguido, no lo eches a perder enrollándote demasiado.

CONFÍA EN TU CLIENTE

Puede que el mayor problema al que me enfrentaba al vender libros en la playa era que la gente no llevaba dinero encima. La mayoría de las personas no coge la cartera para ir a la playa por miedo a que se la roben. Cuando recorrí la costa por primera vez me encontraba con muchas personas que estaban interesadas en comprar el libro pero no tenían dinero. Así que se me ocurrió confiar en ellas y hacer uso de la tecnología. Les ofrecía dejarles el libro dedicado y les daba mi número de cuenta para que me hicieran una transferencia cuando llegaran a casa. Era el año 2014 y no todo el mundo tenía la cuenta en el móvil, algunos tendrían que hacerlo con el ordenador, o incluso, ir al banco para ingresar el dinero. Algunas personas se extrañaban de que confiara en la buena fe de la gente y me preguntaban: "¿Y si no te pagan?" A lo que respondía: "Yo confío en la gente. Creo que la mayoría de las personas somos buenas personas. Hacer la transferencia son cinco minutos. Si alguien no me paga peor para él. Pero yo confío en ti y sé que me vas a pagar".

Algunas personas me decían que no, que no se fiaban de que se les olvidara, o que no querían tener que ir al banco o hacerlo por internet. Pero muchas, miles de personas se quedaban con el libro y el número de cuenta. Nunca he llevado el control de quién me paga y quién no, ¿de qué me serviría?, ¿a quién voy a reclamar? Pero desde que hago esto he tenido miles de ingresos y algunos hasta me han ingresado más por la confianza. Creo que en la vida recibes lo que das, así que cuando das confianza recibes confianza. Esta claro que hay gente mala, que hay estafadores, aprovechados, mentirosos y ladrones, pero estoy seguro de que la mayoría de la gente es honrada y le gusta pagar sus deudas.

Si no hubiera dado la opción de pagar por transferencia, esas miles de ventas las hubiera perdido, así que aunque a alguno se le haya olvidado y pierda ese dinero, las ventas y los lectores ganados compensan con creces las posibles pérdidas.

Confía en tus clientes, pues si no confías en ellos, no esperes que ellos confíen en ti.

NO, NO SIEMPRE ES NO

Cuando nos enfrentamos al temido y sobrevalorado "no", nos hacemos pequeños y nos entran ganas de salir de ahí cuanto antes. Ya nos han dicho que no, entonces... ¿para qué seguir con la interacción? Porque "no", no siempre quiere decir "no". Está el no rotundo, cuando la otra persona no deja espacio a una respuesta, cuando lo dice con tono serio o incluso despectivo, cuando se ve claramente que estás molestando o que no le interesa lo más mínimo lo que haces y lo que ofreces. Cuando recibes un no rotundo, es mejor no decir nada y encajarlo con dignidad, si puedes vete sembrando y dale una tarjeta, pero habrá veces que ni eso merecerá la pena, no te lo tomes a lo personal y sigue tu camino. Pero habrá otras veces, que ese no irá acompañado de una excusa, puede ser cierta o que sea una manera de no herirte, de no decirte un "no" rotundo. Ahí se abre una brecha, hay posibilidad de replica, ahora comienza el juego...
Algunas respuestas podrían ser:

"No, porque no llevo dinero"
"No, porque no me alcanza el presupuesto"
"No, porque me viene mal ahora"
"No, porque quiero pensarlo más detenidamente"

Ahora te toca a ti, tienes que contrarrestar esas excusas y darles una solución sencilla para cerrar la venta en el momento, o si no puede ser, haz que se comprometa en continuar la interacción más adelante.
Vamos a ver posibles respuestas con estos ejemplos:

"No, porque no llevo dinero". Esta es la excusa que más veces he escuchado estos años, al vender los libros en la playa mucha gente no lleva dinero, o es una manera muy creíble de deshacerse de mí sin decirme que no claramente. Como ya hemos visto antes, se me ocurrió dar mi número de cuenta y confiar en el cliente. Otra opción sería cobrar con tarjeta o concertar una cita más adelante.

"No, porque no me alcanza el presupuesto". En este caso se podría ofrecer un descuento en el precio, dar opción a que lo financie o ofrecerle algún producto de menor coste.

"No, porque me viene mal ahora". Se podría preguntar: "¿cuándo le viene bien?" Y concertar una cita para más adelante. Poner fecha en el momento o conseguir su contacto para que seas tú quien le avise, si no, es muy probable que lo olvide o no lo haga.

"No porque quiero pensarlo más detenidamente". No es un "no" rotundo, pero la posibilidad de compra es muy remota. Como en el caso anterior consigue su contacto y ofrécele el producto más adelante (sin que pase demasiado tiempo), y si puede ser, cuando contactes, hazle una rebaja en el precio o alguna oferta o regalo.

Tendrás que aprender a lidiar con todo tipo de respuestas negativas en tu vida, algunas las podrás reconducir y otras serán definitivas, pero sobre todo no dejes que escuchar el temido: "no", te mine la moral.

HAZTE INMUNE AL NO

Hay algo que nos da más miedo que la oscuridad, los fantasmas o un terremoto... que nos digan la palabra NO. Da igual que nos la diga un familiar, un amigo, nuestro jefe o un desconocido. ¿Cuántas veces has dejado de hacer o pedir algo por miedo a que te digan que no? Estoy seguro de que han sido muchas, muchísimas veces. Tenemos terror a ser rechazados, preferimos perder la oportunidad de un "sí" antes que arriesgarnos a escuchar un "no". Una de las razones principales es que tendemos a ser pesimistas, a ponernos en lo peor, a suponer las cosas, a tomárnoslas a lo personal. Pensamos: "como segura-mente me va a decir que no, para qué intentarlo". Le damos demasiada importancia al no. No es no, ¡ya está! Ni nos ataca la persona que nos lo dice, ni somos menos, ni valemos menos, ni siquiera ese "no" tiene que ser definitivo. Pero cuando oímos esa palabra maldita nos volvemos pequeños, nos desmoralizamos y nos marti-rizamos pensando: "¿por qué narices no me quedé callado?". Le damos mucha más importancia de la que tiene en realidad, y si quieres vender, si quieres persuadir, si quieres que otra persona haga algo por ti, tienes que hacerte inmune al "no".

Piensa en cómo funciona una vacuna. Te inyectan los virus de la enfermedad en una pequeña dosis para que tu cuerpo entre en contacto con ellos, los neutralice y te hagas inmune. Pues con el "no" vas a tener que hacer lo mismo: tienes que exponerte al rechazo, tienes que buscar ese "no", encajarlo con dignidad, con sentido del humor, sin lamentaciones, sin reproches, una y otra vez, hasta que no te afecte. Por estadística (lo veremos en el siguiente capítulo), antes o después, te van a decir que sí, si perseveras y no desistes, cada vez te afectarán menos esas respuestas negativas.

Haz un ejercicio: sal a la calle y asegúrate de que te digan al menos 20 veces que no, da igual lo que preguntes, lo importante es que te digan "no". Cuando oigas la palabra maldita, despídete con un gracias y una gran sonrisa. Y te vas en busca de otro "no". Verás cómo cada vez te afecta menos. Imagina que te pones una coraza que nada ni nadie puede dañar. Esa coraza contra el "no" te ayudará a ser fuerte y a no desistir hasta ganar la batalla. Porque el "sí" llegará, a lo mejor durante el ejercicio la décima o doceava vez te asombran con un "sí", ¿cómo ha podido ser? Has vencido a la resistencia del "no", prepárate porque ahora empieza la magia.

A mí me habrán dicho cientos de miles de veces que no, cada vez me afecta menos y hay momentos en que consigo ser inmune. Pero hay tres tipos de "no" y no todos afectan de la misma manera:

1 – *El recibido en la frase en entrada.* Este es el que más vas a recibir y el más fácil de sobrellevar. Has invertido muy poco en la interacción, apenas unas pocas palabras, y sabes que muchas personas te dirán que no. Así que te afecta poco.

2 – *El recibido durante la venta.* Este duele más. Ya has invertido tiempo y esfuerzo, así que cuanto más hayas invertido más te dolerá. Hay algo que ha salido mal. Es momento de aprender y de irte sembrando. Pues no, no siempre es no.

3 – *El recibido con desprecio.* Da igual en qué momento de la interacción sea. Cuando te dicen que no de una manera despectiva, dicho sin educación, con insultos o gritos. Este es el no al que más difícil será hacerte inmune. Pues afectará directamente a tu corazón y tu orgullo, saltará tu sistema de defensa, y tendrás que hacer un gran esfuerzo para no reaccionar (hablaremos de esto más adelante).

USA LA ESTADÍSTICA A TU FAVOR

Seguro que cuando eras adolescente has tenido un amigo (o puede que fueras tú) que cuando ibais a una discoteca, se ponía cerca de la puerta del baño de las chicas y a todas las que pasaban les pedía rollo. No era ni el más agraciado físicamente ni el más simpático, pero sabía del poder de la estadística y la usaba a su favor. Si eres una mujer, habrás sido abordada por alguno de estos chicos, le habrás dicho que no y seguramente habrás pensado: "¿cómo le va a decir alguien que sí?" Pero iba pasando la noche, el alcohol animaba a bailar y a desprenderse de los prejuicios, la cosa se iba calentando y veías al chico de la puerta del baño enrollado con una de tus amigas (o puede que fueras tú). Si le preguntaras al chico del baño cómo lo hace, te diría: "¡Es pura estadística! Si preguntas a cien chicas si quieren rollo, al menos una te va a decir que sí".

¡Y esto vale para todo! Da igual lo que preguntes, da igual lo que ofrezcas, según lo que sea te costará más o menos tiempo, puede que con diez intentos sea suficiente o necesites un millón, no es lo mismo ofrecer un televisor que una avioneta, pero de las millones de personas que hay en la Tierra alguien querrá eso que ofreces. Y si encuentras el momento y el lugar adecuados tendrás muchas más posibilidades. Si el chico del ejemplo se pusiera a pedir rollo a la salida del supermercado, lo tendría más difícil, en vez de cien igual necesitaría trescientas veces, pero antes o después alguien le diría sí. Pero cuidado con lo que ofreces y dónde, si necesitas un millón de intentos, ¿vas a poder resistir tantas negativas?, ¿vas a invertir tanto tiempo y energía en ofrecer algo? No es lo mismo ofrecer una avioneta llamando por teléfono aleatoriamente a un millón de personas, que ir a un congreso de pilotos de avioneta profesionales. Antes de lanzarte a la calle a hacer uso de la estadística, piensa en tus posibilidades y en el lugar y el momento idóneo.

Cuando voy a vender libros a una playa llena de gente tomando el sol, sé que por estadística va a haber lectores y sé que a alguno le va a interesar mis libros y me va a comprar. Puedo recibir algún no, pero sé que cada "no" que recibo me acerca más al "sí". Va muy bien tener unas cifras en las que apoyarte, el conocer unos patrones que se repiten. Por ejemplo, si sabes que de cada diez personas a las que preguntas, una te dice que "sí". Sabes que cada respuesta negativa te acerca más al "sí", cuando llevas siete respuestas negativas sabes por experiencia que te queda muy poco para que te digan "sí", esa respuesta positiva está al caer, cada persona a la que abordas puede ser una de ellas, así que lo haces con ilusión y confianza.

"El 90% del éxito se basa simplemente en insistir"
Woody Allen.

NO VAYAS A TODO EL MUNDO

Un error que cometía cuando comencé a vender libros en la playa era que iba a todo el mundo. Además, tenía la creencia de que cuanto más grande y turística fuera la playa, cuanta más gente hubiera, me iba a ir mejor. Muy pronto me di cuenta de que estaba equivocado. Ir a todo el mundo es como ir de caza con los ojos vendados y disparar a todo lo que se mueve. No hay criterio, no hay foco, no haces que la estadística trabaje a tu favor. Cuando hay una persona o dos o tres, no hay mucho donde elegir, entonces no te queda otra que aprovechar lo que tienes. ¿Pero cuando hay cien o mil, qué sentido tiene dar palos de ciego? Ya no voy a todo el mundo. Ir a todo el mundo es enfrentarte a muchas respuestas negativas que pueden afectar a tu ánimo y tu confianza, además del tiempo y la energía perdidos. Voy a quien me transmite que le puede interesar lo que tengo que ofrecerle, ¿para qué molestar a alguien que transmite que no está interesado? No tengo un perfil específico, igual puede ser un chaval de diecisiete años que una mujer de setenta. Aunque hay un nicho de mercado donde tengo más posibilidades de venta: "Mujeres entre 30 y 50 años". Las mujeres leen mucho más que los hombres, y además, algunos de mis libros son de una temática que suele gustar a mujeres de ese rango de edad. Eso no quiere decir que no ofrezca mis libros a hombres o a mujeres de otra edad, pero la experiencia me dice que en este nicho de mercado tengo más posibilidades, así que cuando encuentro personas que están dentro de ese rango voy casi siempre.

Einstein decía que: *"La mente intuitiva es un don*

sagrado, y la mente racional es un fiel sirviente. Hemos creado una sociedad que honra al sirviente y ha olvidado el don".

Al estar en contacto con tantísimas personas tengo un instinto especial para percibir a quién le pueden interesar mis libros y mi historia. Cuando tengo para elegir, miro a mi alrededor en busca de alguien que me transmita buena energía, me dejo guiar por mi intuición y también me fijo si su estado de ánimo es el propicio para entablar conversación con un desconocido. Si están sonriendo y pasándolo bien, me suelo acercar casi siempre. Si noto el ambiente tenso o denso, si están bostezando, o comiendo o medio dormidos, suelo pasar de largo. Cuando alguien está leyendo voy casi siempre y cambio mi frase de entrada, pues sería una pregunta retórica. Digo: "Buenos días. Ya veo que te gusta leer..." Dejo un pequeño silencio para que conteste, si me dice que "sí" o no dice nada, me presento y comienzo mi discurso. Si me dice que no le interesa, me despido y me voy, a veces les digo que soy escritor y les doy una tarjeta o un marcapáginas. Puede que cambien de opinión y me pregunten qué escribo y me den pie a comenzar con la interacción, o puede que lo miren más tarde, recuerda lo importante que es irte sembrando (lo veremos luego). Por descontado, las personas que me encuentro leyendo en la playa son las que más me compran por varias razones: No tienen opción a decirme que no leen pues llevan un libro en la mano, y como son lectores, aman los libros y respetan a los escritores, enseguida empatizan conmigo y valoran el trabajo y la originalidad.

En la venta hay variables controlables e incontrolables. Las controlables dependen de ti y las incontrolables no. Tú no puedes controlar el estado de ánimo de una persona, si está ocupada en ese momento, si está harta de que le ofrezcan cosas... hay muchas variables que dependen del azar o la oportunidad, y tú tienes poco que ver en el resultado. Pero las variables controlables tienes que dominarlas dentro de lo posible: elegir bien el lugar, el momento, las palabras adecuadas, la persona más propicia... Por eso, no vayas a todo el mundo, optimiza tu tiempo y tus probabilidades de éxito, siguiendo el símil de la caza, la diferencia es entre apuntar a ojo o con una mira telescópica, ¿con qué sistema tienes más posibilidades de acertar?

NO SUPONGAS NADA

Muchas veces las cosas no son lo que parecen y damos por sentado lo que vemos o lo que creemos. Pero no somos adivinos y suponemos cosas que luego resultan no ser ciertas. Regirnos por suposiciones nos hace tener falsas expectativas y que las reacciones de los otros nos afecten sin tener una base sólida asentada en la verdad.

Estaba en una feria en Barbastro ofreciendo mis libros en el stand que había montado la librería Ibor. Un chico miraba los libros expuestos y le pregunté si quería que le diera información de mi última novela. El chico ni me miró a la cara y siguió recorriendo el stand como si no existiera. Me eché para atrás y me quedé callado, como intento no tomarme nada a lo personal, no insistí ni me enfadé, pero suponía que me había ignorado. La dueña de la librería se acercó a mí y me dijo que no se lo tuviera en cuenta, no me había oído, el chico era sordomudo. No me había ignorado, simplemente ¡no podía oírme!

La realidad y la verdad son subjetivas, dependen de quién y cómo mira. No suponer nada significa dudar de todo, no dar nada por sentado. Si Sócrates, el hombre más sabio de la antigua Grecia aseguraba: *"Solo sé, que no sé nada"*. ¿Qué vamos a saber nosotros? Dudar de todo y no etiquetar a las personas y las reacciones por lo que parece nos ayudará a no tomarnos las cosas a lo personal y a no cargar con reacciones y sufrimiento basados en una percepción errónea de nuestra mente.

NO TE TOMES NADA A LO PERSONAL

Uno de los errores más comunes a la hora de interactuar con un desconocido es tomarnos a lo personal su reacción o lo que nos dice. Hay que tener una cosa muy presente cuando abordamos a un desconocido para ofrecerle nuestros servicios, ya sea en su casa, en el trabajo, o en la calle. ¡Nadie te ha llamado! Esa persona no se ha puesto en contacto contigo para pedirte información, no eres un conocido, ni un amigo. Vas a romper su intimidad y vas a robarle un poco de su tiempo. Visto así, parece que no se tenga derecho a hablar con un desconocido, ¡claro que tienes derecho! Pero ten siempre presente que no te ha llamado nadie y no te tomes su reacción a lo personal. Desde niños nos han enseñado a desconfiar de los desconocidos, nos dicen: "no hables con extraños", y hay personas que ponen una barrera cuando te acercas e incluso se sienten atacadas.

"No conozco la clave del éxito, pero la clave del fracaso es tratar de complacer a todo el mundo" Bill Cosby.

Tienes que ser consciente de que habrá gente a la que le caigas mal, gente que no te comprenderá, que te criticará, que te envidiará. Pero ese es su problema, no el tuyo, así que no te lo tomes a lo personal.

Cuando comencé a vender libros cara a cara, si alguien me respondía mal o me ignoraba, me afectaba mucho y me sentía atacado. Con el tiempo aprendí a lidiar con esas malas experiencias.

Una mañana recorría una playa de Tarragona ofreciendo mis libros. Me acerqué a una pareja de unos cincuenta años y les pregunté si les gustaba leer. La mujer me respondió que sí y comencé con mi discurso. No había dicho ni diez palabras cuando el marido (que no había abierto la boca) comenzó a gritarme como un energúmeno diciéndome que quién era yo para molestarles y estropearles el día de playa. Braceaba con la vena del cuello hinchada, los ojos inyectados en sangre y escupía al hablar. Me entraron ganas de contestarle, me pareció una reacción desproporcionada e innecesaria. ¿Qué necesidad había de ser desagradable y mal educado cuando con decirme que no les interesaba hubiera bastado para que me marchara? Pero me di cuenta de que el problema no era yo, a saber qué le estaría pasando para tener esa furia guardada y lista para salir y verterla contra cualquiera que la quisiera coger. A lo mejor acababa de discutir con su mujer, lo habían echado del trabajo o se había muerto su padre. Yo no quería esa furia, ese odio y mala energía, así que no la cogí. Respiré hondo, les brindé mi mejor sonrisa y les deseé que pasaran buen día mientras el hombre seguía increpándome. Cuando me alejaba noté cómo el corazón me latía rápido, a nadie le gusta que le griten. Me senté a la orilla del mar y medité unos minutos para tranquilizarme repitiendo en mi mente que el problema era suyo y nada tenía que ver conmigo.

Cuando te relacionas con otra persona no conoces su estado de ánimo en ese momento o las experiencias pasadas que ha tenido. Si recibes una mala contestación o un insulto y te lo tomas a lo personal y lo haces tuyo, te sentirás atacado y contestarás atacando tú también. Una experiencia desagradable puede afectar a nuestro ánimo y arruinarnos el día, pues esa energía la transmitiremos a otros clientes y hará que disminuya nuestro poder de convicción. De nada sirve enzarzarse en una discusión que está perdida de antemano. Cuando una persona se siente atacada y te contesta de malas maneras, va a ser muy difícil que atienda a razones, lo mejor es dar por finalizada la conversación e irte sembrando.

En otra ocasión en una playa de Almería me acerqué a un hombre, después de escucharme me dijo que me pagaba cinco euros por un libro que vendía a doce. Me pareció una falta de respeto por mi trabajo, pero le dije que no pasaba nada, que a ese precio no lo podía vender y me fui despidiéndome con un apretón de manos cordial y deseándole que pasara buenas vacaciones. Al cabo de un rato, me vino a buscar, me compró el libro a doce euros y me pidió perdón. Me contó que solía comprar libros de segunda mano por cinco euros o menos y por eso me ofreció tan poco. Estoy seguro que si hubiera contestado indignado y me lo hubiera tomado a lo personal, se hubiera puesto a la defensiva y jamás me hubiera comprado un libro.

Vender puede ser algo divertido, es un juego donde con tus técnicas y conocimientos intentas persuadir a un posible cliente de que tu producto le va a mejorar la vida. Lo malo es que nos tomamos demasiado en serio los resultados, nos lo tomamos a lo personal y dejamos de disfrutar. Sal a divertirte, haz bromas, sonríe, disfruta, quita presión a tu cliente, no contestes mal a las negativas y haz que sea algo ameno y sin presiones. Si te dicen que no, pues no pasa nada, o ¿cuando pierdes al parchís te enfadas y te deprimes?

NO PIDAS PERDÓN

Cuando comiences una conversación con otra persona, independientemente de si os conocéis, de si te ha llamado, de si está haciendo algo o hablando con alguien, no pidas perdón. Te puede parecer una falta de educación, y a lo mejor tienes razón, pero hay una razón muy simple, y es que cuando pides perdón antes de ejecutar cualquier acción, se enciende una alarma en la otra parte que dice: "¡Me está molestado!" Y cuando se enciende esa alarma, cuando se tiene esa percepción, da igual lo que hagas o digas, la otra persona va a estar esperando a que termines para que dejes de molestarle. Si realmente le has molestado puedes pedir perdón después, al despedirte, pero nunca como entrada. O sea, que eso de comenzar diciendo: "Perdón que le moleste..." o "Disculpe..." sácalo ahora mismo de tu repertorio. Yo antes lo hacía, comenzaba con esa palabra prohibida diciendo: "Perdón" y luego soltando mi frase de entrada. Cuando fui consciente de esto dejé de hacerlo. A veces interrumpo a gente que están hablando entre ellos. Si al acercarme veo que están en una conversación importante, una discusión o son unos amantes acaramelados, paso de largo y no molesto. Pero si están hablado de cosas sin demasiada importancia (se nota en el tono de voz y en la expresión de su cara) no pido perdón, directamente les saludo y suelto mi pregunta: "¿te gusta leer?" Estoy convencido del valor de lo que ofrezco, de la oportunidad que les doy al escucharme, entonces... ¿por qué tengo que pedir perdón cuando les estoy dando y no quitando? Les voy a robar solo unos segundos, cuando me vaya podrán seguir con su conversación.

Si no eres capaz de eliminar la palabra perdón al abordar a otra persona, igual es que no crees que lo que ofreces sea lo suficiente bueno como para interrumpir a alguien. Si es así, vuelve al capítulo de "Cree en ti" y fortalece esa creencia en lo que vales.

3 NÚMERO MÁGICO

Imagina que vas a comprar algo y no tienes claro lo que quieres, pongamos de ejemplo que vas a comprar unas zapatillas deportivas. Vamos a poner 3 hipotéticos casos: En una tienda solo tienen un modelo de zapatillas que se adapta a tus necesidades. En otra tienda tienen veinte modelos donde elegir de distintas marcas, colores y prestaciones. Y en la tercera tienda hay tres modelos con las características que buscas. ¿En qué tienda crees que hay más posibilidad de que compres?

En la que solo tienen un modelo, o justo es eso lo que andabas buscando, deseabas esa marca y ese modelo en concreto, o es muy difícil que compres. Son lentejas, no hay dónde elegir, no puedes comparar con otros modelos y si te las llevas, te irás con la sensación de que has cogido lo que había, de que tú no has tomado la decisión.

En la tienda donde hay veinte modelos tienes mucho donde elegir, te paseas mirando el expositor, coges algunos modelos, los examinas, los comparas, dudas. Llamas a un dependiente para que te asesore, le cuentas tus necesidades y te explica las características de cada modelo y sus diferencias, como no te puedes probar todas eliges 3 para probarte. El dependiente saca los modelos, te los pruebas, andas con ellos, le haces más preguntas mientras la tienda está llena de gente que mira los productos y se van. No te convence ninguna y le pides que te traiga otro modelo de la estantería, y luego otro, y otro. Después de una hora en la tienda, no lo tienes claro, y puede pasar que compres o que te vayas con las manos vacías.

En la tienda donde hay 3 modelos, tienes dónde elegir,

el dependiente solo tiene que explicarte las características de las tres zapatillas, te saca los tres modelos para que te los pruebes, y mientras te decides, se va a atender a otros clientes. Le puedes hacer alguna pregunta más sobre esos modelos, pero no tendrá que entrar al almacén a buscar más zapatillas. Puede que compres o no, pero el tiempo invertido en ti es mucho menor, y tu decisión es más fácil de tomar.

¿Cuál crees que es la mejor opción?

Aquí entra en juego la ley de Hick que dice: *"El tiempo que un ser humano tarda en tomar una decisión aumenta a medida que incrementamos el número de alternativas"*. Hay veces que más es menos. El psicólogo Barry Schwartz asegura que: *"reducir el número de opciones minimiza la ansiedad durante el proceso de toma de decisiones"*.

Cuando empecé a vender en la playa solo tenía un libro, no había dónde elegir, o al posible lector le gustaba mi primera novela o no le gustaba. Por otro lado la transacción era muy rápida. Cuando saqué el segundo libro ya había dónde elegir, tenía que explicar los dos libros, pero el lector se quedaba con la sensación de que había elegido. El segundo libro tenía 90 páginas más, así que el primero valía 10 euros y el segundo 12 euros. Hice una oferta: si se llevaban los dos se los dejaba a 20 euros. Muchas personas se llevaban los dos. Y cuando saqué el tercer libro, ya tenían 3 opciones, tres libros totalmente diferentes. Como el tercero tenía 400 páginas costaba 15 euros, así que hice una oferta: los 3 por 30 euros. Había personas que cogían solo uno, otras dos, pero muchas personas aprovechaban la oferta y se llevaban los tres libros dedicados. Cuando saqué el cuarto libro iba a vender con los cuatro. Era mucho más tiempo para explicarlo y casi nadie se llevaba los cuatro libros por 40 euros, y lo que es peor... casi nadie se llevaba tres. El último verano probé a vender con mis seis libros, las personas al ver tantos libros se abrumaban, tenía que invertir un tiempo muy grande en contarles, en responder sus preguntas, y después de todo ese tiempo, se llevaban uno o ninguno, pues a mayor número de opciones mayor dificultad de elección. Así que después de probar todas las opciones, sin duda me quedo con el 3.

LEY DE ESCASEZ

La ley de escasez se basa en la oferta y la demanda, cuando hay escasez de algo crece su valor. Puedes usar la ley de escasez a tu favor (y con ello no quiero decir que engañes a tu cliente). ¿Qué es lo que más desea una persona? Lo que no puede tener o es escaso. Cuando alguno de tus productos es difícil de conseguir o quedan pocas unidades, remárcalo para que el cliente sienta que es una oportunidad y quiera obtenerlo. Además, si alguien obtiene algo que parece escaso o exclusivo, será más propenso a hablar de ello, a compartirlo y recomendarlo. Se siente en posesión de algo difícil de conseguir y querrá alardear de su nueva adquisición con sus amigos.

Antes de tener mis libros a la venta en Amazon, recalcaba que solo los vendía yo, que si no me lo compraba en ese momento no lo podría conseguir. Eso es usar la ley de escasez. Ahora los libros se pueden comprar en Amazon, pero no lo digo hasta que me despido, me lo preguntan o estoy seguro de que no lo va a comprar en ese momento. Si se lo dijera antes, le estaría dando una excusa perfecta para decirme que ya lo compraría luego, con el riesgo muy alto de que no lo haga. También me ha pasado infinidad de veces, que he impartido una charla y en la mesa donde se exponían mis libros, había veinte ejemplares de cada libro, menos de uno que había tres. Era decir que no me quedaban más, y esos tres ejemplares volaban los primeros. Así que si algo de lo que ofreces es escaso, no duces en hacerlo saber, pues solo por eso, ya ha aumentado su valor.

CIERRA LA VENTA

Imagina que estás a punto de cerrar una venta, ya has seguido muchos de los pasos que se recomiendan en este libro: has usado una frase potente de entrada, has buscado puntos en común, te has ganado su confianza, has localizado los dolores que tiene el cliente, te has centrado en los beneficios que va a obtener, cada palabra que dices desprende lo que crees y lo que amas tu producto. Pero llegado el momento de cerrar la venta te dice que lo tiene que pensar, que te lo comprará más adelante, y pone cualquier excusa para que te vayas.

¿Has perdido la venta? Según mi experiencia (sobre todo en la puerta fría), lo más probable es que sí. Miles de veces me han asegurado que me pedirían el libro desde la página web para que se lo enviara por correo y luego no ha sido así. Tengo una máxima para estos casos: "venta que no se hace en el momento es venta perdida". Si veo que muestra interés y que alguno de mis libros le puede gustar o ayudar en algo, intento cerrar la venta en el momento, cuando está la cosa caliente y me tiene delante. Sé que más tarde la cosa se enfría, esa persona sigue con su vida y sus quehaceres, se olvida de su promesa, o si lo recuerda, entrar en internet y ponerse en contacto le supone esfuerzo y tiempo. Sé que muchas de las veces ha sido una excusa para quitarme de en medio y no decirme un "no" rotundo. Es difícil decir que no a una persona motivada, ilusionada y que cree en lo que hace, así que es menos agresivo decir que lo comprarás más adelante aunque no se tenga intención de hacerlo. Aunque reconozco que me duele cuando me lo hacen (sobre todo al principio cuando me lo creía), también reconozco que lo he hecho yo en más de una ocasión. Así que sabiéndolo, pongo todo lo que está en mi mano para cerrar la venta en el momento, tú también deberías hacerlo.

También me ha pasado en alguna ocasión que me han dicho que me compraban el libro, hemos seguido hablando unos minutos y luego han dicho que no. Puede que sea por algo que he dicho o porque mientras hablábamos ha cambiado de opinión. Ahora, en cuanto me dicen que sí, paro de hablar y cierro la venta. Dedico el libro y lo cobro, así no doy opción a que se echen atrás. Luego podemos seguir hablando, pero la venta ya está cerrada.

Hay un proverbio francés que dice: *"En el tiempo que mantenemos a un hombre esperando, él reflexiona sobre nuestros defectos"*.

Así que cuando te digan que van a comprar, cierra la venta cuanto antes, no sigas hablando del producto u otros productos que les pueden interesar, pues mientras sigues hablando puede ver defectos o pegas donde antes no las había.

VETE SEMBRANDO

En el capítulo anterior hablábamos de la importancia de cerrar la venta. Te puedes preguntar: ¿está todo perdido si no vendes en el momento? Para nada. Y lo último que tienes que hacer es presionar demasiado al cliente o enfadarte con él. Si es evidente que no vas a poder cerrar la venta, solo te queda una opción inteligente: vete sembrando.

Como también vimos anteriormente, tienes que ser breve y conciso, cuando intuyas que el cliente pierde el interés o la interacción se está prolongando más de la cuenta, es mejor retirarte dejando una buena impresión que convertirte en un pesado. Intenta dejarle con buen sabor de boca y que quiera saber más de ti y tu producto. Si vas a solucionarle algún dolor, querrá contactar contigo más adelante. Puedes concertar una cita para el día siguiente o dentro de una semana. Te conviene que no se demore demasiado para que la interacción no se enfríe, si se alarga mucho en el tiempo tendrás que volver a empezar desde el principio. Si es posible, pon fecha en el momento, si accede, está aceptando un compromiso contigo. Si no accede, pídele el número de teléfono o su correo electrónico para mandarle una propuesta, si te lo da, está demostrando que de verdad le interesa, aunque será mucho más fácil para él decir que no por mensaje, cuando no te tenga enfrente. Pero si tampoco accede, no te queda otra que darle una tarjeta o tu contacto, es la opción más arriesgada pues depende totalmente de la otra persona. Si no estaba realmente interesado en comprar, no te contactará, pero puede que te siga en las redes sociales, te recomiende o cuando tenga un dolor que puedas solucionar, se acuerde de ti y te llame. Lo que nunca tienes que hacer es despedirte de un potencial cliente sin darle tu contacto, y siempre hazlo de una manera cordial y afectuosa. Nunca sabrás cuándo darán fruto esas semillas que has ido sembrando, pero donde no hay semilla es imposible que nazca nada.

ACEPTA LOS DÍAS MALOS

Imagina un mundo ideal donde todo sale como planeas, donde todas las personas te escuchan y te compran, donde hay cola para contratar tus servicios, donde todos tus clientes están satisfechos, donde nunca te equivocas, donde no hay pagos inesperados, averías o problemas de ningún tipo. ¿Has creado esa imagen en tu mente? Pues siento decirte que ese mundo ideal no existe. Habrá momentos que puedan parecerse, días donde va todo rodado y querrás que ese estado no cambie nunca. Pero siempre va a haber problemas, van a surgir imprevistos, la vas a fastidiar, vas a cometer errores, vas a encontrar personas desagradables, mentirosas o aprove-chadas. Va a haber días en los que nadie te escuche, donde no vendas nada, donde todo tu trabajo parezca inútil y te entren ganas de tirar la toalla. Acepta esos días. Si estás preparado, si sabes que van a venir, podrás llevarlo mejor y no te afectará tanto.

Al recorrer las playas ha habido días (muy pocos) en los que nadie me escuchaba y en los que me he ido sin vender ningún libro. Por mucho empeño e ilusión que le pusiera, nada parecía funcionar. Al principio me afectaba mucho, me obsesionaba y seguía y seguía abordando a personas con la energía equivocada. Ahora, si veo que no es el día, si ya he parado a meditar y visualizar, y nada funciona. Lo acepto y me voy. Puede que sea el tiempo, el lugar, mi energía, o simplemente, que no hay nadie en esa playa a quién le pueda interesar mis libros. Me voy a hacer algo que me guste: bañarme en el mar, hacer snorkel, pasear, leer, quedar con algún amigo... y al día siguiente cambio de lugar o de estrategia. Y siempre sin excepción, esa mala racha ha pasado y ha vuelto la buena racha.

Otras veces, pasa que un día que parecía malo se convierte en bueno, pues cuando estás sembrando y generando movimiento en ocasiones el resultado no es instantáneo. Recuerdo un 5 de enero que fui a vender libros a Benasque, un pueblo de los más turísticos y bonitos del Pirineo. Puse una mesa con mis libros en la plaza. Como era la víspera de Reyes tenía muchas expectativas de que la gente comprara libros para regalar al día siguiente. Hacía un día nublado y frío donde la temperatura no subió de los tres grados. Llevaba un plumas, gorro, guantes y dos pares de calcetines, y aún así, sentado en mi banqueta, había momentos donde tiritaba de frío. Estuve desde las once de la mañana hasta la una. Y en todo ese tiempo solo hablé con una persona. Era un marinero de unos cincuenta años que tenía una empresa de navegación en Cataluña, me contaba emocionado que al año siguiente iba a dar la vuelta al mundo en velero llevando clientes. Conectamos enseguida y se llevo un ejemplar de mi cuarto libro: "¿Crees en la magia?" Solo por conocer a esta persona mereció la pena el frío y conducir dos horas para ir y volver de Benasque, pero para el negocio fue un día malo, lo ganado no me daba ni para el gasoil. Pero unos días después todo cambió. Este hombre me llamó por teléfono entusiasmado con el libro y me encargó que le mandara diez ejemplares para regalar y tenerlos en el barco para que lo leyeran los clientes.

Un día que parecía malo se convirtió en bueno. Nunca sabrás si esas semillas que has sembrado darán su fruto en el futuro, parecerá que te has equivocado con el lugar, el día, la estrategia... ¡no hay que tener miedo a equivocarse! Es parte del aprendizaje y necesario para mejorar y crecer.

Dice Seth Godin que: *"¡El secreto para equivocarse es no evitar equivocarse! El secreto es estar dispuesto a equivocarte. El secreto es comprender que equivocarse no es mortal. Lo único que hace grandes a personas y organizaciones es su disposición a no ser grandes por el camino. El secreto nunca contado del éxito es el deseo de fallar en el camino para alcanzar una meta mayor"*.

Así que cuando vengan días malos, acéptalos, aprende y prepárate para volver con más fuerza.

TERMINA EN LO ALTO

Cómo acabes el día influirá en la sensación que te queda al irte a casa y en cómo vas a comenzar de ánimo al día siguiente. Algo muy bueno que puedes hacer para irte contento y a tope de ánimo y energía es terminar en lo alto. Cuando ya se acerque la hora de irse, si has conocido a alguien interesante, si has ganado un contacto importante, si has cerrado una venta gratificante, no sigas, termina tu día con esa buena sensación y dando las gracias mentalmente. Si sigues y viene una racha negativa, te irás con malas sensaciones, desmoralizado y con el ánimo minado.

Antes me imponía un horario y hasta que no llegaba esa hora no paraba, aunque ya no tuviera ganas, aunque me fallara la voz, aunque la gente ya estuviera poco receptiva o recogiendo para irse. Me iba con muchos "no" al final de la tarde, y aunque hubiera ido bien la venta y conocido a gente interesante, me iba cansado y decaído. Luego me di cuenta de esto, y cuando veía que estaba todo el pescado vendido y cerraba una venta o conectaba con alguien, dejaba de vender y me iba en lo alto. Eso hacía que me fuera con sensación de triunfo y que comenzará al día siguiente con confianza y una energía más positiva.

ACEPTA A LOS QUE NO TE COMPRAN

Cuando tienes un negocio y ofreces un producto, es probable que muchos de tus clientes sean amigos, familiares y conocidos. Dependerá de lo que vendas, si es algo para un público muy específico puede que tu producto no sea para ninguno de tus conocidos, pero si es algo más general: vender pan, herramientas, ropa, maquillaje, libros o tener un bar... muchos de ellos son compradores potenciales. Cuando veas que personas cercanas a ti no entran en tu negocio ni contratan tus servicios (por lo menos una vez para probar), puede que te siente mal y te distancies de esas personas. Es inevitable que tengas mayor aprecio a los que apoyan tu negocio y te compran y recomiendan, pero nunca te enfades ni rompas la amistad con los que no lo hacen. Tendrán sus razones. Hay personas que prefieren comprar donde no los conocen, no les gusta el trato cercano que un amigo les puede prestar, no sienten la obligación de contratar tus servicios (y en verdad no la tienen) y no quieren mezclar la amistad con los negocios. Y hay veces que es mejor, porque si surge algún problema en la transacción, perderás un cliente, y lo que es peor, perderás a un familiar o amigo. Así que separar los negocios de las relaciones personales, a menudo es la mejor opción.

LA GRAN PARADOJA

"Cuanto menos vas a vender más vendes". ¡Esta es la clave más efectiva del libro! Si consigues llevarla a cabo de una manera sincera, tus ventas subirán de una manera espectacular. No vale con fingirlo o hacerlo a medias, tiene que ser algo verdadero y de corazón. Es una gran paradoja: ir a vender sin que tu objetivo principal sea vender. Y esto solo se puede lograr cuando tu principal objetivo es ayudar, hacer crecer a la otra persona, compartir, aprender... ¡claro que quieres vender! Pero el cerrar la venta no es lo que te mueve, es más, no te preocupa en absoluto mientras estés prestando un servicio.

Josué Gadea dice: *"Cuando dejas de vender tu producto/servicio y empiezas a comunicar tu para qué, y pones en el centro de ese para qué a tus clientes (a la sociedad). La sociedad te premia concediéndote mayor atención, mayor simpatía y por tanto más ventas"*.

Esto lo he experimentado en muchas ocasiones cuando salía a vender mis libros, personas que me decían que no leían o que no les interesaba, y en vez de irme y seguir intentándolo con otros, seguía hablando con ellos, compartiendo, aprendiendo y riendo. Sin pensar en vender, sin pensar en obtener ningún beneficio más allá del regalo de conocer a unas personas interesantes. Y cuando ya me despedía, me compraban, y a veces ¡varios libros! Eran para regalarlos a amigos o familiares, o como un chico de Almería que me dijo que este sería el primer libro que iba a leer en su vida.

Es una cuestión de actitud, de lo que trasmites y reflejas con tu manera de hablar, de moverte, de expresarte. Si tu principal objetivo es vender, a la persona con la que hablas se le encenderán las alarmas: ¡Peligro, peligro, vendedor a la vista! Y opondrá resistencia. A nadie nos gusta que nos vendan, y menos cuando es algo que no hemos pedido ni necesitamos. ¿Cómo se vence esa resistencia? Yendo a vender sin ir a vender. Olvidándote de ti y de tu producto y centrándote en el otro, en aportar valor. Sé que suena difícil, y la verdad es que lo es, pero si lo consigues, esa persona que tienes enfrente dejará de verte como a un vendedor y te verá como a un amigo, y... ¿tú no comprarías a un amigo?

NO LO NECESITES

Ya hemos hablado de la importancia que tiene lo que transmites a la otra persona, y no hay nada peor y que genere más rechazo que transmitir necesidad. Cuando esto ocurre se encienden las alarmas: ¡vendedor a la vista! Y el cliente piensa: "qué querrá este de mí, que me va a querer sacar" Nota la urgencia, la presión y la incomodidad de no cerrar la venta rápido. ¡Es otra gran paradoja! Cuanto menos lo necesites más vas a vender. Si tu situación económica es holgada, si te llueven las ofertas y los clientes, si realmente no lo necesitas, te será fácil seguir esta máxima. Pero si estás arruinado, acabas de comenzar en la empresa, necesitas llegar a unos objetivos y no lo consigues, si de esta venta o interacción depende el futuro de tu carrera o el pan para tu familia, lo tienes muy difícil para no transmitir esa necesidad. ¿Cómo lo puedes hacer? Quitándole importancia, siendo consciente de que si esto no resulta otra cosa vendrá, forzándote a actuar, hablar y transmitir como si no lo necesitases, aunque en tu fuero interno te vaya la vida en ello.

Antes de comenzar la vuelta al mundo di la vuelta a España recorriendo las playas y ofreciendo mis libros. En unos pocos meses iba a empezar el viaje de mi vida, un viaje caro, sobre todo por los vuelos. Necesitaba ahorrar una suma importante de dinero. Para ello tenía que vender muchos libros y dejé de salir a la playa con la mentalidad adecuada. Ya no iba a compartir y disfrutar, iba a vender. Estaba hablando con una persona y ya miraba la siguiente. En cuanto cerraba la venta o me decían que no, me despedía e iba a por el próximo objetivo. Bajó mi efectividad, había muchas más respuestas negativas y para compensar debía abordar a más gente. Ahora sé que esas personas percibían mi necesidad, mi urgencia y las prisas por cerrar. Como un día vendiera diez libros me parecía poco y me iba con sensación de carencia, ¡si vender diez libros en la playa y conociendo gente interesante es una pasada! Pero estaba obsesionado en llegar al presupuesto que me había marcado y necesitaba vender más de veinte libros diarios, no me había tomado ningún día de descanso, no había quedado con ningún amigo a tomar algo después de recorrer la playa, pues debía reservar la voz para lo importante: vender. Una noche, después de un mes así, agobiado por el estrés, no podía dormir y me di cuenta de que me estaba equivocando, que me estaba separando de lo importante, que ya no disfrutaba con lo que hacía, me había convertido en un vendedor, había obviado todas las claves que se comparten en este libro centrándome solo en el resultado final. Decidí no tener presupuesto, no tener una meta, volver a salir a disfrutar, a aprender y a compartir. Al final, me fui a dar la vuelta al mundo con la mitad del presupuesto, sabía que no me llegaba, pero gracias a eso tuve que agudizar mi ingenio y el viaje fue diferente.

VENDER ES SERVIR

La palabra vender rechina en nuestros oídos, nos ponemos alerta y nos hace desconfiar del vendedor, ese ser despiadado y sin escrúpulos que intentará aprovecharse de nosotros y sacarnos los cuartos. La figura del vendedor está desprestigiada y a ninguna madre le oirás decir orgullosa que su hijo es vendedor. Antes se inventará cualquier etiqueta engañosa como "experto en marketing" o la etiqueta más extendida: "comercial". Pero, ¿y si ser vendedor no fuera malo?, ¿y si ese vendedor pusiera toda su energía en mejorarnos la vida? No se trata de si el oficio de vendedor es bueno o malo, se trata de la persona. Igual que habrá vendedores honestos y serviciales, habrá técnicos, fontaneros, jueces o barrenderos egoístas, aprovechados y faltos de sentimientos. Pero cuando te dedicas a vender (y casi todos lo hacemos de una manera u otra) tienes el poder de elegir poner el foco en tus intereses o ponerlos en los de la otra persona. Esto no quiere decir que tú tengas que salir perjudicado, si solo gana la otra persona es un acto descompensado, al igual que si solo ganas tú. Tiene que ser un ganar-ganar, que el beneficio sea mutuo. Si la otra persona sale beneficiada, si con lo que ofreces va a ganar en salud, seguridad, divertimento, aprendizaje... Ya no solo estás vendiendo, también estás sirviendo. Esa persona va a mejorar su vida después de conocerte. Así que céntrate en sumar, en servir, en aportar valor, en dejar huella, en mejorar la vida de los demás.

TEN UN PROPÓSITO

"El propósito de la vida no es ser feliz. Es ser útil, ser honorable, ser compasivo, hacer que se note que has vivido y has vivido bien" Ralph Waldo Emerson.

Dicen que hay dos días más importantes en tu vida: el día en que naces y el día que sabes para qué. ¿Has tenido ese día? ¿Ya sabes para qué estás aquí? Te voy a contar cómo descubrí mi para qué:

Estaba en el Sudeste Asiático, lo había dejado todo para vivir un sueño, pero aún no sabía qué quería hacer. Me saqué varios carnets de submarinismo con la intención de trabajar llevando a gente a disfrutar de las profundidades marinas. Bucear me gustaba, pero tampoco me apasionaba. Me fui con la intención de escribir una novela, como tenía tiempo y estaba inspirado, comencé a documentarme, a entrevistar a la gente, a describir los personajes y los escenarios. Cuando me vi preparado escribí la primera página del libro, así lo relato en mi tercer libro "Escribiendo el mundo":

"Llevo un tiempo queriendo empezar el libro pero me da miedo la primera página, ¿seré capaz de escribir una novela? Nunca lo he hecho, es algo desconocido, ¿le gustará a la gente lo que escriba? Las dudas rondan mi cabeza. Me siento inspirado, la tranquilidad de este lugar, escuchar el rumor continuo del río, las montañas cubiertas de un manto verde. Decido luchar contra mis miedos, abro una carpeta en la tablet con el nombre "Lo que el mar no se lleva" y escribo la primera página de mi carrera como escritor. Las palabras salen fluidas, forman

frases que unidas crean párrafos y al leerlas te cuentan una historia; conoces personajes, descubres lugares lejanos o imaginarios, te traslada a otro tiempo. Es pura magia, de mi mente pasa a la pantalla, y de allí, el día que lo comparta, pasará a la mente de un lector que verá, sentirá e incluso soñará, con lo que hoy, en un pueblo remoto de Laos sale de mi imaginación".

Me puse como obligación escribir cada día cinco páginas, ya fuera por la mañana o al caer la noche. Dos meses después, tenía mitad de libro escrito y una mañana mientras escribía en una cabaña en medio de la selva me dije: "¡Esto es lo mío, a esto voy a dedicar mi vida, voy a ser escritor!" Ese día es uno de los más importantes de mi vida, pues ya tenía una meta, ya sabía qué quería hacer, a qué quería dedicar toda mi energía, mi inteligencia y todo mi ser. Empezó como algo egoísta pero muy lícito: viajar, escribir, disfrutar, tener reconocimiento, crear algo nuevo. Si tengo que ser sincero, cuando escribí mi primer libro no pensaba en los demás. Pero llegó el momento de compartirlo, de salir a la calle a vender, de recorrer las playas, de ir puerta por puerta. Y me di cuenta de que el libro, y sobre todo mi historia, estaba cambiando vidas. Recibía mensajes que me emocionaban de personas que se habían vuelto más valientes, que se habían lanzado por sus sueños, que me veían como un referente. Y todo cobró mucho más sentido, ya no era yo lo importante, lo era compartir mi mensaje y contagiar a otras personas las ganas de vivir, de viajar, de emprender, de dejar atrás el sistema de consumismo y trabajo no deseado. Tenía una misión, tenía un propósito mucho más grande que yo. Y comencé a dar más charlas, a ir a más personas, a escribir más libros siempre pensando en aportar valor y hacer este mundo un poco mejor.

"Quien tiene un "por qué" para vivir, encontrará casi siempre el "cómo" F. Nietzsche.

Así que busca qué es lo tuyo y ponlo al servicio de los demás. Ten un fin más elevado, no te quedes en el poder y el dinero. Ni si quiera te centres en tu propia felicidad. Todo eso pasará, es efímero y fugaz. El legado que dejes será lo que perdurará, lo que quedará para el crecimiento de la humanidad.

"Cumple con tu deber, por humilde que sea, en lugar de realizar el de otro, por grande que sea. Morir cumpliendo el propio deber es la vida, vivir cumpliendo el de otro es la muerte" Bhagavad Gita.

Si te ha gustado este libro, si te ha servido para vender y persuadir cara a cara. Por favor, deja tu valoración y tu comentario en Amazon, porque con ello, ayudarás a que llegue a más gente.

Si quieres seguirme y estar informado de los viajes, libros y enseñanzas que comparto, lo puedes hacer en:

Facebook e Instagram: escribiendo.el.mundo

www.danielzaragoza.com

¡MUCHAS GRACIAS!

www.ingramcontent.com/pod-product-compliance
Lightning Source LLC
Chambersburg PA
CBHW021441210526
45463CB00002B/595